本书受江西理工大学商学院资助出版

基于竞争力视角的黑龙江省林业产业发展综合研究

王 刚 曹秋红◎著

知识产权出版社
全国百佳图书出版单位
—北京—

图书在版编目（CIP）数据

基于竞争力视角的黑龙江省林业产业发展综合研究/王刚，曹秋红著. —北京：知识产权出版社，2020.12

ISBN 978-7-5130-7089-8

Ⅰ.①基… Ⅱ.①王… ②曹… Ⅲ.①林业经济—产业发展—竞争力—评价—研究—黑龙江省 Ⅳ.①F326.235

中国版本图书馆CIP数据核字（2020）第139870号

内容简介

为了展现我国林业产业竞争力的区域差异，从外显竞争力、核心竞争力、基础竞争力和产业环境竞争力四个维度构建林业产业竞争力评价指标体系，并利用2013—2017年我国29个省份林业产业数据，结合Entropy-TOPSIS模型实证测度我国林业产业竞争力差异状况，着重对比黑龙江与其他林业大省在林业产业竞争力上的差异。结果表明，我国各省份之间存在明显的林业产业竞争力分化现象，区域间存在较大差异。最后，根据研究结论，提出发展林业产业，提升黑龙江省林业产业竞争力的路径建议。

策划编辑：蔡 虹　　**责任校对**：潘凤越
责任编辑：荆成恭　　**责任印制**：孙婷婷
封面设计：臧 磊

基于竞争力视角的黑龙江省林业产业发展综合研究

王 刚 曹秋红 著

出版发行：知识产权出版社有限责任公司　　**网　址**：http://www.ipph.cn
社　址：北京市海淀区气象路50号院　　**邮　编**：100081
责编电话：010-82000860转8324　　**责编邮箱**：caihongbj@163.com
发行电话：010-82000860转8101/8102　　**发行传真**：010-82000893/82005070/82000270
印　刷：北京建宏印刷有限公司　　**经　销**：各大网上书店、新华书店及相关专业书店
开　本：720mm×1000mm　1/16　　**印　张**：14.25
版　次：2020年12月第1版　　**印　次**：2020年12月第1次印刷
字　数：180千字　　**定　价**：69.00元

ISBN 978-7-5130-7089-8

前　言

林业产业在国民经济中占有举足轻重的地位，它涉及的产业链十分丰富，包含国民经济第一、第二和第三产业等多个不同门类，具有涵盖范围广、产品种类丰富等特点，是决定国民经济发展趋势的主要基础产业之一。林业产业不仅与其他产业关系密切，而且对生态保护具有重要作用。首先，林业产业可以为其他不同产业提供大量原材料和初级产品，还能发挥其生态保护功能，与此同时，得益于森林资源的可再生性，林业产业还具有十分强大的发展潜力和可持续的发展趋势。近年来，随着我国国民经济驶入快车道，我国经济的各个方面得到了非常好的发展机遇。作为国民经济基础产业之一的林业产业因此受到各级政府的重视，国民经济的快速发展离不开作为基础产业的林业产业的支持，这就更进一步地强化了林业产业的基础性作用，同时这对我国林业产业的发展提出了更多更新的要求，也为林业产业的快速发展提供了难得的机遇。考虑到经济全球化的未来趋势，林业产业的竞争力关系重大，其会影响区域经济效益和可持续发展战略，也会影响我国林业产业在国际林业经济中的地位，从而决定我国林业产业的国际竞争力。我国林业产业竞争力强弱也会在很大程度上影响我国国民经济在国际上的地位。因此，如何从区域和整体两个角度对黑龙江省林业产业竞争力进行系统详细的分析变得非常重要，进而确定影响林业产业竞争力发展的诸多因素，为相关政府部门制定如何有效率地提升林业产业区域竞争力的政策提供更加科学合理的建议及对策。

本书首先对现有文献和研究成果进行梳理和总结，对林业产业竞争力的内涵、特征进行详尽的界定和分析，对黑龙江省林业产业不同区域资源现状、林业产业不同产业层次的产业结构，以及林业产业的投资发展竞争力现状、问题及成因进行分析。其次从主体和客体两个方面对影响黑龙江省林业产业区域竞争力的因素进行详细的分析和讨论，进而构建林业产业影响机理的理论概念模型，并结合相关的林业产业竞争力影响因素的研究理论和文献，使用 SPSS 和 AMOS 等计量工具对本书设计的量表数据的信效度进行检验，然后对本书提出的理论假设一一进行检验，从而揭示各种影响因素对林业产业竞争力的作用机制。最后在参考现有研究成果的基础上并结合黑龙江省林业产业的实际现状和问题，创建林业产业竞争力“四位一体”模型，也就是林业产业环境竞争力—林业基础竞争力—林业核心竞争力—林业外显竞争力及各要素相互作用关系；依据林业产业竞争力评价指标体系构建准则，设计林业产业竞争力评价初选指标体系，运用群组决策特征根（GEM）和 Pearson 方法对林业产业竞争力初选评价指标体系的关键指标进行识别、筛选，构建了由外显竞争力、核心竞争力、基础竞争力和产业环境竞争力 4 个二级指标、10 个三级指标和 21 个四级指标构成的林业产业区域竞争力评价指标体系。

本书还构建了基于熵权法、TOPSIS 综合评价法、线性加权函数法的黑龙江省林业产业竞争力评价模型。首先从静态对省际区域林业产业外显竞争力、核心竞争力、基础竞争力和产业环境竞争力等方面进行评价；然后根据近年来各省份林业产业的面板数据进行动态分析，更加深入全面地分析林业产业竞争力的省际差异性及其成因；最后结合黑龙江省林业产业的区域实际和未来国家战略重心从宏观层面、中观层面和微观层面三个方面给出提升黑龙江省林业产业竞争力的建议对策。

本书的研究结果表明，在各省份林业产业综合竞争力排名中，综合竞争力比较强的省份分别为福建、广西、青海、内蒙古和四川等；而排名靠后的一些省份分别为辽宁、海南、陕西、山西、贵州、重庆和天津等。这同时也显示各省份林业产业竞争力的差异较大，而且外显竞争力、核心竞争力、基础竞争力、产业环境竞争力以及综合竞争力水平呈现明显的分化态势。从总体角度来说，林业产业区域竞争力的定义由显性要素、核心要素、基础要素及产业环境要素四个方面构成。其中，显性要素指的是林业产业整体实力及林业产业盈利能力；核心要素指的是科技创新、林业产业结构和林业企业；基础要素指的是资源禀赋、基础设施建设和生态建设等方面；产业环境要素指的是整体的制度环境和金融市场环境。在以上所有要素的共同作用下，林业产业形成了自身的林业产业综合竞争力。从竞争力影响机制角度来说，政府支撑直接或通过资源禀赋和市场条件间接对林业产业竞争力有正向作用；产业组织结构和科技创新通过市场条件和资源禀赋对林业产业竞争力有正向作用。

本书可供政府有关部门管理人员以及从事林业经济管理的相关人士阅读，对研究林业产业竞争力的学者也有一定的参考价值。

本书为国家社科基金项目（20BJY167）的阶段性研究成果，本书由江西理工大学及江西理工大学商学院资助出版，在此特别说明并表示感谢。

CONTENTS

目 录

第一章 绪 论

第一节 研究背景、目的及意义

一、研究背景

21世纪以来，随着全球科技的迅猛发展和经济水平的不断提升，各国在注重经济发展的同时，把更多的注意力放在生态保护上。其中林业问题是生态保护的重中之重，它关乎人类的生存和发展，关乎国家的生态安全和可持续发展，是属于全球性的战略问题。对一国而言，林业产业是国民经济的重要组成部分，它不仅对国民经济的整体进展影响巨大，还在一国的生态环境健康发展过程中具有十分重要的作用，因此一个国家要想兼顾经济发展和生态建设，必须将林业产业的发展放在重要位置。

随着经济全球化的推进，我国经济走上了快车道，国民经济得到持续快速的增长，在与林业产业相关的家具、建筑等产业快速发展壮大的契机下，林业产业也得到了市场环境和一定的推动力，各种与林业相关的政策相继出台，使我国林业产业发展十分迅速。各级政府十分重视林业资源的保护，人们的生态环保意识也不断加强，经过多年的林业建设，我国森林资源总量不断增加。但是，林业产业的发展导致森林资源的流失，甚至引发了生态环境问题，不利于我国林业产业的可持续发展。在生态环保意识不断增强、人类认知水平不断提高的今天，林业已不再被视为单纯以林产品为基础的产业，人们越来越关注林业的生态环境保护和人民生活满意度提高的功能。林业产业的竞争力，不仅仅关系到一个单一的林业产业。在衡量林业产业竞争力时，不仅要把重点放在林业产业上，还要把范围扩大到林业产业的相关产业上，需要构建全面、动态的竞争力体系。首先，林业产业的范围极其广泛，包括横跨第一、第二、第三产业的非常丰富的产品品种，对国民经济的发展起着不可替代的推动作用。它是我国经济发展的基础产业，承载着经济发展和生态保护的功能。林业的第一产业对国家产业发展的战略部署影响深远，林业产业的竞争力水平决定了国家承担保护地球生态环境的实施能力。同时，林业的第二、第三产业决定林业作为基础产业的消费能力，决定能否满足消费者的多种需求和林业产业发展的直接经济利益，进一步影响林业产业的持续发展能力。

我国的林业产业已经发展了几十年，近年来林业产业的发展受重视程度不断提升，林业产业发展的投入也在不断加大，形成了完善的产业体系和评价标准。迅速发展壮大的林业产业，表明我国林业产业结构正在不断优化。因为我国国土面积辽阔，各省份生态环境迥异，受各省份区域经济发展水平不平衡的影响，我国各省份林业产业的发展也呈现出发展不平衡的状态，进而导致林业产业在发展过程中的区域竞争优势也出现十分明显的地域差异现象，影响了我国林业产业整体竞争力水平。各区域在制定林业产业发展规划时不仅没有结合自身的区域特点，也没有根据因地制宜的原则发挥自身优势资源，因而各区域的发展大同小异并无区域特色，造成区域林业产业缺乏竞争力的局面。除此之外，同质性的竞争对整个林业产业的发展具有抵消作用，并且资源利用也不充分。由于同质性竞争导致的发展被抵消的影响，林业产业本身的发展也受到严重的影响，这也对国民经济产生一定的影响。林业产业是林业经济发展的重要基础和关键。它反映区域林业竞争力水平和林业产业对区域经济发展的贡献。林业产业竞争力作为我国国民经济竞争力的重要组成部分，与我国林业产业在世界上的竞争力和地位密切相关，对林业产业和区域经济的可持续发展具有重要作用。本书对黑龙江省林业产业竞争力进行了详细的研究和分析，通过探索发现有哪些关键因素会对黑龙江省林业产业竞争力产生影响，并在对这些影响林业产业发展竞争力的关键因素进行深入分析的基础上，拓展并完善林业产业竞争力的指标评价体系和模型，这对考察我国林业产业区域竞争力具有积极的促进作用。通过以上研究探索提出我国林业产业竞争力的途径，也是本研究具有的现实意义。同时，进一步了解黑龙江省林业的发展现状，通过研究发现我国林业产业的核心竞争优势，这对促进林业产业的转型升级，提高林业产业的总体竞争力有积极作用。打铁还需自身硬，我国林业产业只有进行自我升级、自我完善，才能带动区域经济的协调发展，进而对区域经济的发展注入不竭动力。

二、研究目的及意义

（一）研究目的

本书旨在通过分析黑龙江省林业产业发展现状，发现对林业产业竞争力产生影响的因素，进一步通过筛选确定关键影响因素。在前人研究的基础上，结合林业产业的特点，构建林业产业竞争力评价的理论模型。

首先对黑龙江省林业产业的竞争力现状进行全面剖析和系统研究，进而建立林业产业竞争力评价指标体系与评价模型；其次分别从动态和静态两个方面出发，通过使用行之有效的方法对黑龙江省及其他区域的林业产业竞争力进行全面测度评价；最后对黑龙江省的林业产业的可持续发展提出针对性对策，这有利于黑龙江省林业产业竞争力的进一步提升。

（二）研究意义

本研究的意义主要有以下两个方面。

（1）对我国林业产业转型升级实现可持续发展具有十分重要的意义

林业产业发展已取得初步成效，在国民经济发展中起到不可或缺的作用：第一，重视林业产业有利于对生态环境的保护和改善；第二，林业产业的发展不仅有利于改善生态环境、提升国民生活质量，而且有利于满足国民精神层面的需求。现阶段，我国的林业产业发展依旧停留在初级层次，面对激烈的竞争环境，尚未形成绝对竞争优势，通过全面分析林业产业竞争力的影响因素，并通过筛选提取关键因素，有助于结合林业发展区域特点提出针对性的发展对策。这对林业产业发展优化，实现由低端向高端的转型升级，最终实现林业产业可持续发展具有深远的战略意义。

（2）对于我国生态环境建设和产业经济发展具有重要意义

天然林与经济林作为森林生态系统的重要组成部分，在林业产业的第一产业中占据重要地位，因为森林生态系统在生物多样性保护、水文服务、景观服务和碳汇服务功能等方面给我们提供了很大的帮助，所以林业产业的发展对我国生态建设具有不可或缺的重要作用。同时林业产业的第二产业和第三产业也时时刻刻影响着居民的日常生活，它们对居民的物质及精神生活产生重要影响。目前，全球生态环境极度恶化，温室效应越演越烈，提高我国林业产业竞争力，有利于减轻温室效应带来的环境保护压力，体现我国作为世界主要国家之一的担当和责任感；同时，提高我国林业产业竞争力，也有利于满足人们日益增长的与生态环境相关的需求，对产业链上相关产业的发展有积极促进作用。

第二节　国内外研究现状

本书将从竞争力、产业（企业）竞争力、林业产业竞争力三个方面出发，对国内外文献进行综述并整合，并分别从以上三个不同的视角，对现有研究现状进行分析并提出相应的研究观点。

一、竞争力研究

美国学者迈克尔·波特从经济学的视角提出竞争的定义，即为了获得更有利的生产和市场条件，商品生产经营者之间进行利益争夺，这也是竞争参与者获得竞争优势的具体体现，宏观层面上，企业竞争力是指企业之间的竞争优势。而产业竞争力是与国家或地区相关的，是产业之间的比较，主要与工业的生产效率、市场的知名度和由于生产要素的不同而产生的工业利润的程度有关。

关于不同层次之间竞争力的研究，学者莫夫卓基（Donald G Mcfetridge，1995）[1] 认为，竞争力从不同角度上讲，包括企业间的竞争力、产业间的竞争力和国家间的竞争力。Walsh，Vivien[2] 将竞争力划分为宏观竞争力、微观竞争力以及结构竞争力。著名学者法滋玻按竞争力的可能程度分为潜在竞争力和现实竞争力[3]。从竞争主体的角度上看，我国学者张金昌将竞争力分为国家、地区、区域利益共同体、产业、企业；从竞争对象的角度上看，他将竞争力又划分为成本、价格、产品、规模、生产率、出口竞争力等[4]。

美国经济学家布鲁斯·斯科特指出，国家之间的竞争能力意味着某一国家为了满足人民日益增长的社会和生活水平的要求而产生的与其他国家或地区在国际经济活动中进行的关于生产和劳务的竞争的现象[5]。美国工程院在《国际竞争力的技术发展》中指出："国际竞争力意味着一个国家生产出来的产品或者是服务可以承受国际市场的考验，并能保持或者提升居民的实际收入水平。"[6] 西方学者对竞争力的更进一步研究主要是通过

---

[1] Donald G Mcfetridge. Competitiveness：Concepts and Measures，Department of Economics［D］. Ottawa：Carleton University，1995.

[2] Walsh，Vivien. Technology and the Economy：the Key Relationship［J］. R & D Management，1994（24）：104 - 107.

[3] Oiman Segura - Bonilla. Sustainable Systems of Innovation：The Forest Sector in Central America［D］. Aalborg：Aalborg University，1999.

[4] 张金昌. 国际竞争力评价的理论和方法［M］. 北京：经济科学出版社，2002.

[5] 挂云帆学习网. 竞争力的研究层次［OL］.［2020 - 05 - 29］. www.guayunfan.com.

[6] 余惕君，王伟军. 国际竞争策略［M］. 上海：上海远东出版社，1993.

竞争优势理论、核心竞争力理论和IMD国际竞争力理论三个理论进行。

瑞士国际管理发展学院认为，国际竞争力本质上是描述一个国家创造出新的附加值和逐步积累国民财富的能力[1]。

文东伟、冼国明、马静（2009）[2]运用实证分析方法，在结构变动这一领域，研究20世纪80年代以来我国产业、贸易结构和出口竞争力的变化趋势，分析我国产业结构自我转型变化和商品出口竞争力受外商直接投资（FDI）的影响；除外商直接投资以外，产品技术创新对我国出口商品竞争力提高具有促进作用，劳动力成本提高对竞争力产生制约作用。此外，陈晓红、万光羽、曹裕（2010）[3]研究资本结构对产品市场竞争力的影响，研究结果表明，当企业外部环境发生显著变化时，资本结构对企业的产品市场竞争力具有更大的影响。徐敏燕、左和平（2013）[4]将20个制造业产业进行分类研究，探索不同污染程度即重度、中度以及轻度三种污染程度的环境规制、产业集聚和产业竞争力之间的关系，重新检验“波特假说”。该研究发现环境规制与产业竞争力二者之间的直接关系，为实现生态环境和经济协调发展提供了科学合理的对策和建议。许召元、胡

---

[1] 王勤. 当代国际竞争力理论与评价体系综述［J］. 国外社会科学，2006（6）：32－38.

[2] 文东伟，冼国明，马静. FDI、产业结构变迁与中国的出口竞争力［J］. 管理世界，2009（4）：96－107.

[3] 陈晓红，万光羽，曹裕. 行业竞争、资本结构与产品市场竞争力［J］. 科研管理，2010（4）：188－196.

[4] 徐敏燕，左和平. 集聚效应下环境规制与产业竞争力关系研究——基于“波特假说”的再检验［J］. 中国工业经济，2013（3）：72－84.

翠（2014）[1]研究成本上升对我国产业竞争力的影响过程，并进行实证研究，结果表明成本的提高会对产业竞争力产生负面影响。邓立治、许彬、何维达（2015）[2]对2000—2013年的国内产业竞争力相关数据进行了评价研究，通过构建评价指标体系模型，阐述了我国产业竞争力评价研究的发展趋势。李怡珂（2016）[3]对河南省产业竞争力进行了研究，找出了影响河南省产业发展的影响因素，从提高自主创新能力、发展绿色经济、提高经济效益三点出发来优化产业结构等方面为河南省提高产业竞争力提供了建议及对策。由雷（2017）[4]构建我国产业的科技竞争力评价指标体系模型，并总结我国学者对产业竞争力进行评价的主要方法。苏楠、陈志、朱焕焕（2018）[5]以特色创新为出发点，对我国产业竞争力如何自我转型进行全面分析，并对中国特色创新下的产业竞争力的提升进行剖析和总结，提出科学的建议。张炜熙、孙志刚、张兴国（2019）[6]通过建立绿色产业发展竞争力指标评价体系分析我国特有的绿色发展模式，并剖析了当前评价指标体系存在的问题与不足。

---

[1] 许召元，胡翠．成本上升的产业竞争力效应研究［J］．数量经济技术经济研究，2014，31（8）：39－55.

[2] 邓立治，许彬，何维达．中国产业竞争力评价研究现状及展望［J］．科技管理研究，2015，35（12）：50－55.

[3] 李怡珂．河南省产业结构优化升级和产业竞争力研究［J］．市场论坛，2016（11）：28－31.

[4] 由雷．中国产业科技竞争力评价指标与方法研究文献综述［J］．技术经济与管理研究，2017（10）：111－114.

[5] 苏楠，陈志，朱焕焕．中国特色创新视角下的产业竞争力转型与升级路径研究［J］．科技与经济，2018，31（1）：11－15.

[6] 张炜熙，孙志刚，张兴国．绿色产业竞争力评价研究综述［J］．经济研究导刊，2019（1）：18－19.

二、产业竞争力研究

（一）产业竞争力的内涵及本质

基于研究对象的差异，产业竞争力的含义就会体现出各不相同，但也存在某些相似之处。从城市竞争力来看，张虎春（2005）❶研究的城市产业竞争力指的是通过生产要素和资源的有效配置和转化，城市整体产业能够以稳定、可持续的方式创造出多于竞争对手的剩余价值。从文化产业竞争力角度来看，赵彦云、余毅、马文涛（2006）❷从文化产业的需求与供给活动出发研究文化产业竞争力的内在发展能力，并将竞争力分为文化内容的竞争力与文化产业活动的竞争力。在研究建筑业竞争力时，刘贵文、邓飞、王曼（2011）❸将建筑业竞争力基于特定的市场环境进行研究，将其定义为在一定区域内竞争资源、市场和优化资源配置的能力。刘炳胜、王然、陈晓红、孟俊娜、薛斌（2017）❹深入探究我国建筑产业的发展现状，通过一定的方法剖析建筑产业竞争力的形成机制，并定义我国建筑产业竞争力的含义。从医药产业竞争力方面来看，吴韶宸（2012）❺指

---

❶ 张虎春. 城市产业竞争力研究［D］. 南京：河海大学，2005.

❷ 赵彦云，余毅，马文涛. 中国文化产业竞争力评价和分析［J］. 中国人民大学学报，2006（4）：72－82.

❸ 刘贵文，邓飞，王曼. 中国建筑产业竞争力评价研究［J］. 土木工程学报，2011（7）：157－164.

❹ 刘炳胜，王然，陈晓红，孟俊娜，薛斌. 中国建筑产业竞争力形成机理动态演进规律空间差异化研究［J］. 管理评论，2017，29（1）：93－104.

❺ 吴韶宸. 江西医药产业竞争力研究［D］. 南昌：江西财经大学，2012.

出医药产业竞争力是集聚力、支撑力、创新力和成长力这四者的乘积。吴姗姗、张凤成、曹可（2014）[1] 对沿海各省海洋产业竞争力进行研究并分析，建立了21个评价指标的指标评价体系。

通过比较分析发现，从整个产业层面来看，产业竞争力实际是指通过综合各方面的能力、整合现有资源，从而使某一产业持续获得高速发展的综合能力。综合各方面的研究成果，张金昌（2001）[2] 在其研究中提出形成产业的所有独立个体共同组成产业竞争力，其是企业竞争力的综合体现。张超（2002）[3] 则提出世界各个国家之间的所有同类产业的对比形成产业竞争力，而其主要体现在效率与生产、技术创新能力的对比，其最终在产品进入市场时得以体现。就产业竞争力研究的性质而言，波特（1990）[4] 研究了产业竞争力的本质，认为产业竞争力是国家之间或地区之间的同一行业的市场竞争的能力，可以反映在市场份额和盈利能力上，通过产业规模和产业效率进行检测。汪芳、夏湾（2019）[5] 以湖北省的高技术产业为例，深入研究分析高技术产业技术创新提升路径，基于结构方程模型对技术创新

---

❶ 吴姗姗，张凤成，曹可．基于集对分析和主成分分析的中国沿海省份海洋产业竞争力评价［J］．资源科学，2014，36（11）：2386－2391．

❷ 张金昌．国际竞争力评价的理论和方法研究［D］．北京：中国社会科学院研究生院，2001．

❸ 张超．提升产业竞争力的理论与对策探微［J］．宏观经济研究，2002（5）：51－54．

❹ 波特．国家竞争优势［M］．李明轩，邱如美，译．北京：华夏出版社，1990．

❺ 汪芳，夏湾．技术创新提升高技术产业竞争力的路径——以湖北省为例［J］．科技管理研究，2019，39（3）：107－113．

提升高技术产业的路径进行实证检验。

（二）产业竞争力构成

国内外学者就关于产业（企业）竞争力的研究从国民经济、组织结构、市场竞争、要素等多个角度对竞争力的构成和内在影响因素进行深入的分析和探讨。

胡宜挺、李万明（2005）[1] 基于大系统论的观点，认为企业核心竞争力由企业的发展能力、现有资源以及知识结构等各个要素综合而成，而这三种主要影响因素的共同整合形成核心竞争优势。企业只有对这三个方面的要素进行合理有效的利用，才能在激烈的市场竞争中占据核心优势。在研究产业竞争力的构成因素时，芮明杰（2006）[2] 在其研究中通过建立钻石模型对产业竞争力进行分析，结果显示在国民经济的发展中，有四个最主要的因素，这些因素互相交错对产业竞争力的形成有最直接也是最大的影响，这四个因素为生产要素、相关和支持性产业及企业战略、需求条件、结构和同业竞争。国内经济要保持高速发展，就要协调好这四个要素的内在联系。此后，吴忠才（2009）[3] 通过大量的文献研究，利用实证分析的方法，对城市商业企业的竞争力进行深入探究，最终总结出对城市商业企业竞争力产生影响的四个关键要素，即区位要素、规模要素、业

---

[1] 胡宜挺，李万明. 企业核心竞争力构成要素及作用机理［J］. 技术经济与管理研究，2005（2）：20－22.

[2] 芮明杰. 产业竞争力的“新钻石模型”［J］. 社会科学，2006（4）：68－73.

[3] 吴忠才. 基于要素构成的城市商圈及竞争力实证研究［D］. 长沙：中南大学，2009.

态要素、品牌要素。白福臣、周景楠（2016）[1]对我国区域海洋产业竞争力进行研究，构建区域海洋产业评价指标体系，对沿海省份产业竞争力进行评价研究，为提升区域海洋产业竞争力提供科学的建议和对策。何平、陈伟、李传云、冯志军（2017）[2]对我国航空航天制造业竞争力进行研究及分析，研究航空航天制造业的行业竞争力构成要素及要素之间的关系，从区域的角度对我国航空航天制造业现状进行分析，为提升我国航空航天制造业竞争力提供了多个方面的对策与建议。

马书彦、邓成华（2014）[3]基于市场构成要素的视角，得出企业在市场中的竞争力就是企业的竞争力的结论。企业之间竞争的实质是对消费者和市场份额的竞争。竞争的结果取决于消费者对企业产品和服务的选择。因此，企业竞争力的来源是产品和服务的竞争力。谢文浩、曾栋材（2019）[4]基于新钻石模型理论，选择生产要素、需求条件、相关产业为三个核心因子，对广东省新能源汽车产业竞争力进行评价研究。黄志勇（2012）[5]则基于企业组织结构的维度开展研究，研究成果表明产业组织效率对产业竞争力影响巨大，并且产业组织效率在影

[1] 白福臣，周景楠．基于主成分和聚类分析的区域海洋产业竞争力评价［J］．科技管理研究，2016，36（3）：41－44，49.

[2] 何平，陈伟，李传云，冯志军．航空航天制造业竞争力构成要素及提升对策［J］．求索，2017（8）：103－108.

[3] 马书彦，邓成华．企业竞争力的来源［J］．中国质量技术监督，2014（12）：74－77.

[4] 谢文浩，曾栋材．基于新钻石模型的广东省新能源汽车产业竞争力评价实证研究［J］．科技管理研究，2019，39（9）：56－61.

[5] 黄志勇．基于R－SCP分析的我国中药产业竞争力提升研究［D］．长沙：中南大学，2012.

响产业竞争力时不仅体现在企业的组织结构上，而且体现在规模经济上。

研究表明显性因素与潜在因素共同决定竞争力的形成，显性竞争力即企业在现处环境下的外部竞争力，其决定着企业的核心竞争优势，同时企业存在的潜在竞争优势则对企业的发展趋势起决定性的作用。赵冬梅、周荣征（2007）[1] 认为，企业存在的显性竞争力通过产品投入市场后对市场的控制能力以及经营状况等方面得以体现，是企业在目前所处的环境下，通过资源整合与同业之间的竞争表现。潜在竞争力则体现为环境因素、营运能力、经营安全能力、企业资源以及科技创新能力，这五项因素相互交错影响，决定企业的未来竞争力。

（三）竞争力评价指标

在探究竞争力评价指标时，除了利用个性化量化指标测度之外，还可以通过构建综合指标体系来测度。在研究进出口贸易的竞争力时，通常使用市场占有率来综合评估进出口贸易的产业竞争力。个性化量化指标主要有八个，分别是比较优势指数 RCA、国际市场占有率 MS、贸易竞争指数 TC、产业内贸易指数 IIT、出口产品质量指数、竞争优势指数 CA、进出口价格比以及出口优势变差指数。邹薇（1999）[2] 根据国际贸易标准分类（SITC）所涉及的九大类产业与产品，以比较优势指数 RCA 作为主要评价指标，以贸易竞争指数 TC 为辅助评价指标，通过两项指标的结合使用对中国 1965—1995 年的竞争力演化进行测度。

---

[1] 赵冬梅，周荣征．企业竞争力评价指标体系的设计方法研究［J］．工业技术经济，2007（9）：88－89，108.

[2] 邹薇．关于中国国际竞争力实证测度与理论研究［J］．经济评论，1999（5）：27－32.

陈佳贵和张金昌（2002）❶、卢艳秋和余戈及朱秀梅（2003）❷、赵文丁（2003）❸ 则在研究20世纪90年代我国的国际贸易优势变迁时，使用比较优势指数RCA进行分析，并在研究我国制造业的比较优势时使用实证分析法。汪斌、邓艳梅（2003）❹ 根据10年的统计数据，用比较优势指数RCA和产业内贸易指数IIT，分析中日工业制品的比较优势，并对产业贸易的发展进行研究。其研究成果显示，中日国际劳务主要表现为纵向分工，另外在一些特殊领域也会表现出横向分工的特性。从经济效益指标的角度出发，蓝庆新、王述英（2003）❺ 对20世纪初中美两国与其他国家的产业利润率进行比较，通过对比探索中国工业的核心竞争力。张其仔（2003）❻ 在研究中发现市场指标存在不足之处，因此其在研究产业竞争力时将一些效率指标作为辅助评价指标，辅助评价指标主要包括利润率、资金周转率以及劳动生产率等。王连芬（2005）❼ 结合动态指标与静态指标，分析生产、技术、市场、环境、资本和组织竞争力的动态变化指标。

---

❶ 陈佳贵，张金昌．实现利润优势——中美具有国际竞争力产业的比较［J］．国际贸易，2002（5）：21－24.

❷ 卢艳秋，余戈，朱秀梅．提高我国化工产业国际竞争力的对策［J］．国际贸易问题，2003（4）：18－22.

❸ 赵文丁．新型国际分工格局下中国制造业的比较优势［J］．中国工业经济，2003（8）：32－37.

❹ 汪斌，邓艳梅．中日贸易中工业制品比较优势及国际分工类型［J］．世界经济，2003(4)：21－25.

❺ 蓝庆新，王述英．论中国产业国际竞争力的现状与提高对策［J］．经济评论，2003（1）：111－115.

❻ 张其仔．开放条件下我国制造业的国际竞争力［J］．管理世界，2003（8）：74－80.

❼ 王连芬．中国汽车产业竞争力研究［D］．长春：吉林大学，2005.

赵冬梅、周荣征（2007）[1] 使用综合指标体系研究竞争力指标，其分别从显性竞争力、隐性竞争力两个层面出发，将竞争力评价指标分为一级、二级和三级指标。奉钦亮、张大红（2010）[2] 在研究竞争力的主要影响因素时，使用主要成分分析法，研究成果表明：一个企业的竞争力主要受到四个方面的影响，即资源禀赋、市场营销的概念、产业结构、发展战略和政策。陈虹、章国荣（2010）[3] 在研究我国国际贸易竞争力时，使用理论分析法，并进行实证分析，使用的指标主要有国际市场占有率指数、TC 指数和 RCA 指数；在分析我国国际贸易竞争力的影响因素时则使用了人力资本（HR）、人均国民收入（PGDP）、贸易水平（GT）、服务水平（DL）、外商直接投资（FDI）、服务开放度（OD）和服务出口总额（ST）等指标。汪易易（2012）[4] 在研究竞争力时从灰色理论出发，以山东渔业为例评价竞争力，其将影响因素概括为以下六个方面，即利用外资、技术推广投入、新增固定资产、渔船总吨数、渔业人口、科研教育投入，通过研究对山东渔业提出了发展对策。邹静、邓晓军、黄强、陈秋林（2014）[5] 通过主成分分析法对广西区域产业竞争力进行评

---

[1] 赵冬梅，周荣征．企业竞争力评价指标体系的设计方法研究［J］．工业技术经济，2007（9）：88－89，108.

[2] 奉钦亮，张大红．我国林业产业区域竞争力实证研究［J］．北京林业大学学报（社会科学版），2010（1）：95－100.

[3] 陈虹，章国荣．中国服务贸易国际竞争力实证［J］，管理世界，2010（10）：13－23.

[4] 汪易易．基于灰色系统模型的山东省渔业产业竞争力研究［D］．青岛：中国海洋大学，2012.

[5] 邹静，邓晓军，黄强，陈秋林．基于主成分分析的广西区域产业竞争力评价［J］．区域金融研究，2014（12）：83－86.

价研究，构建了目标层、要素层和指标层三个层级的指标体系。张汝飞、赵彦云（2014）❶借鉴IMD国际竞争力指标体系，构建竞争力的综合评价指标体系，从竞争力实力、成长竞争力、市场竞争力、成本竞争力、创新竞争力、投资竞争力和管理竞争力七个角度，对我国战略新兴产业竞争力进行评价。胡俊超、王丹丹（2016）❷创新性地通过综合环境、产业实力、创新能力和发展潜力四个方面研究竞争力，以此为基础针对性地建立竞争力评价指标体系，并以我国城市软件产业为例评价竞争力影响因素。

（四）评价方法

严于龙（1998）❸将竞争力评价指标分为八个一级指标，它们包括区域经济实力、管理水平、对外开放程度、政府作用、金融活动、科学技术、基础设施和人力资本，并进而细分出十七个二级指标，通过数据收集使用这些指标，运用主成分法对竞争力进行逐级降解研究，分析对比1980—1995年我国区域经济竞争力，并总结出各个区域的竞争优势。迟国泰、郑杏果、杨中原（2009）❹在研究竞争力时以商业银行为例，运用主成分分析法对竞争力进行定性分析，并通过研究发现商业银行竞争

❶ 张汝飞，赵彦云．中国战略性新兴产业竞争力测度研究［J］．现代管理科学，2014（12）：33－35.

❷ 胡俊超，王丹丹．基于支持向量机的中国城市软件产业竞争力研究［J］．现代管理科学，2016（5）：67－69.

❸ 严于龙．我国地区经济竞争力比较研究［J］．中国软科学，1998（4）：110－112，129.

❹ 迟国泰，郑杏果，杨中原．基于主成分分析的国有商业银行竞争力评价研究［J］．管理学报，2009（2）：228－233.

力的影响因素，其使用的方法规避了理论研究的片面性，也解决了指标体系混乱的问题，但这种研究方法也存在其先天缺陷，仅通过定性分析法研究商业银行竞争力的影响因素，而未有定量的数据分析，因而无法度量各项影响因素对商业银行竞争力的影响程度。陈军华、陈光玖、陈利琼（2009）❶ 研究石油系统的人才竞争力，其运用模糊评价法从三个不同的角度对竞争力的影响因素进行衡量。通过分析各项影响因素存在的内在联系，构建石油企业人才竞争力的评价体系，该方法也存在一定的局限性，无法解决纵向的关联竞争力问题，导致该体系的信誉评价不足。吕梁、高红、贾红雨、刘巍（2010）❷ 研究中国港口的竞争力，他们收集港口的各项数据，使用数据包络分析法（DEA）对竞争力做出评价，在分析中使用八个变量，即外贸货物吞吐量、集装箱泊位数、货物吞吐量、港口国际航线、堆场面积、外贸集装箱吞吐量、集装箱吞吐量、起重设备数，通过分析总结了深圳港存在的竞争优势与劣势，并提出促进深圳港的发展对策。DEA 分析法是一种静态的方法，仅能对不同企业的竞争力进行静态分析，无法动态评价企业的竞争力，具有数据分析的局限性，无法发现企业竞争力的外部影响因素。解佳龙、胡树华、蒋园园（2011）❸ 运用突变级数法分析竞争力，并结合数据的可靠性对我国高新区竞争力做了针对性的研究，以国际创汇能力、创新能力、社会贡献能力、支撑能力为基础，

---

❶ 陈军华，陈光玖，陈利琼. 基于模糊评价法的石油企业人才竞争力评价［J］. 西南石油大学学报（社会科学版），2009（1）：11－14.

❷ 吕梁，高红，贾红雨，刘巍. 基于因子分析和数据包络分析的港口竞争力评价［J］. 大连海事大学学报，2010（4）：43－47.

❸ 解佳龙，胡树华，蒋园园. 基于突变级数法的国家高新区竞争力空间分异研究［J］. 科学学与科学技术管理，2011（12）：101－108.

量化了8项二级指标，进而细分出21项三级指标，通过构建评价指标体系对我国高新区的竞争力进行探究，以此为依据对我国不同地区的高新区进行竞争力排序，在此基础上，发现制约不同地区高新区发展的因素并提出针对性的发展对策。该研究方法比较客观地评价了竞争力的影响因素，也能对比不同地区的以往竞争力，但这种方法也存在无法准确预测竞争力发展趋势的局限性。代碧波（2013）[1]分析高新技术企业的竞争力，并在研究中使用因子分析法，通过相关性对比将各因素归类，其研究发现了竞争力影响因素，对促进高新企业发展具有实际意义，但这种研究的动态性不足，静态分析无法兼顾趋势分析，导致建模与研究成果的可靠性不足。刘希宋、李响（2005）[2]以1997—2001年高新技术产业相关数据为基础，采用偏离—份额法对比各项指标，并在此基础上评价高新企业的各产业模块，最终通过数据比较，对我国高技术产业集群不同板块进行竞争力排名。刘键、戴俭（2017）[3]将遗传算法及BP神经网络引入我国工业设计产业竞争力评价研究中，发挥这两种算法的优势，分析多个国家相关设计产业创新政策与相关数据，构建评价指标体系。刘炳胜、王然、陈晓红、孟俊娜、薛斌（2017）[4]对我国建筑产业竞争力形成机理进行研究及分析，利用主成分分析

---

[1] 代碧波. 基于因子分析法的高新技术产业集群竞争力评价模型研究［J］. 哈尔滨商业大学学报（社会科学版），2013（3）：28－33.

[2] 刘希宋，李响. 我国高技术产业竞争力比较评价［J］. 技术经济与管理研究，2005（2）：15－17.

[3] 刘键，戴俭. 我国工业设计产业竞争力分析与发展对策研究［J］. 管理世界，2017（5）：182－183.

[4] 刘炳胜，王然，陈晓红，孟俊娜，薛斌. 中国建筑产业竞争力形成机理动态演进规律空间差异化研究［J］. 管理评论，2017，29（1）：93－104.

法（PCA）实现对所构建指标体系降维但不降低指标的完整性。

（五）竞争力形成机理

张辉（2003）[1]通过对企业竞争力的产业集群研究，不仅从区域资源利用能力方面对产业集群拥有的正面市场竞争力进行论证，还通过学习效率论证竞争力的可靠性，并通过对市场的交易对象进行简易化处理，原有市场中的各类中小企业能够以市场主体的身份在整个错综复杂的集群网络中完成贸易活动，通过简化处理可以有效地提高市场活动的效率，同时也可以尽可能地规避市场失灵带来的危机，从而能够在市场环境中获得竞争力。肖泽磊、项喜章、刘虹（2010）[2]从集群的视角研究武汉光谷的竞争力形成机制，发现将影响竞争力的创新因素通过SCP模型进行数据转化后能够体现出竞争力的获得方式，因此得出创新可以驱动网络运行机制的快速发展。从形成要素作用关系的实证角度，杨莉（2010）[3]研究航空客运企业的核心竞争力的机制形成方式，首先通过定性分析得出企业竞争优势的发展现状，其次结合定量分析对竞争机制的形成的各类要素之间的相关性进行实证分析，通过分析得出各类影响因素的相互作用是如何影响竞争力的形成，定性与定量分析的相互结合能够更为准确地发现各影响因素的相互作用，并有针对性地提出竞争

---

[1] 张辉．产业集群竞争力的内在经济机理［J］．中国软科学，2003（1）：70－74.

[2] 肖泽磊，项喜章，刘虹．高新技术产业创新群构成要素及优势分析——以“武汉·中国光谷”为例［J］．中国软科学，2010（7）：103－111.

[3] 杨莉．航空客运企业核心竞争力形成机理与测评研究［D］．成都：西南交通大学，2010.

力的获得方式。刘炳胜、王雪青、曹琳剑（2010）[1] 在杨莉研究的基础上，创造性地通过构建静态扫描电镜模型对建筑业竞争力形成机制进行了研究，在通过特殊的结构方程计算后，又提出动态博弈模型，得出中国的建筑业形成了两大区域发展模式。研究结果显示，区域竞争力的形成主要由五个方面的影响形成，即产业集中度、区域地方保护、生产要素投入、区域经济和决策能力。近年来，随着竞争力形成机制的研究越来越成熟，部分学者对资源价值链方面的竞争力进行了研究。陈连芳、严良（2012）[2] 就是其中的参与者，从石油资源企业的竞争力形成机制出发进行相关研究，并以价值链理论与资源整合观点为基础将研究扩展到整个产业集群。在对价值链进行基础资源、人力资源与社会资源的相互整合研究后，发现这三项因素会直接影响企业价值链的形成，而资本资源则可以通过中介力量对油气集群价值链的形成产生积极作用。企业竞争力的形成与行业竞争力相互影响，寻找两者之间的联系也是专家学者的研究重点。杨柳（2013）[3] 在研究中发现电影产业价值活动竞争力主要是通过价值的创造与转移形成的，文化创新与技术创新则能带动整个电影产业形成创新竞争力，电影产业在国际竞争中则需要基本竞争力与创新竞争力相互结合，而创新竞争力则在国际竞争

---

[1] 刘炳胜，王雪青，曹琳剑．基于 SEM 与 SD 组合的中国建筑产业竞争力动态形成机理仿真［J］．系统工程理论与实践，2010（11）：2063－2070.

[2] 陈连芳，严良．油气资源产业集群竞争力形成机理实证研究［J］．中国人口·资源与环境，2012（7）：92－100.

[3] 杨柳．电影产业国际竞争力评价研究［D］．上海：上海交通大学，2013.

中发挥更为重要的作用。钱新华（2014）[1]以船舶工业为例对竞争力的形成进行实证分析，结果发现影响竞争力的因素主要是劳动力、基础设施与市场需求。船舶工业作为高端装备业，既要求强大的资本支持，又对劳动力与技术创新能力要求较高，劳动力与生产设备对生产效率的影响巨大，因此劳动力与基础设施是船舶企业的竞争力形成的重要影响因素，而国内、国际航运市场的需求变化则成为船舶工业的发展动力，市场需求变化能够对船舶工业组织结构调整、发展战略制定等各方面起到决定性作用。赵冉、张特特（2014）[2]采用系统动力学分析方法对浙江省海洋产业竞争力形成机理进行研究及分析，探究驱动海洋产业竞争力形成的内外部因素，研究发现产业组织效率、技术要素贡献率、资本贡献率、劳动力贡献率等对海洋产业竞争力均有主要影响。曾涛、王秉琦、占绍文（2015）[3]将DEA－DA模型与PLS－SEM模型相结合，对我国31个省份的数据进行实证分析，构建区域文化创意产业竞争力形成机理的空间差异模型。曾涛、杨朔、占绍文（2018）[4]对区域文化创意产业竞争力形成机理进行研究，借鉴空气动力学模型构建我国区域文化创意产业竞争力影响因素指标体系，利用我国各省份多年来相关产业基本数据，通过找寻各因素之间的互相关系，并以此

---

[1] 钱新华. 我国船舶产业竞争力形成机理研究［D］. 镇江：江苏科技大学，2014.

[2] 赵冉，张特特. 浙江省海洋产业竞争力形成机理的动态仿真研究［J］. 中国渔业经济，2014，32（6）：81－87.

[3] 曾涛，王秉琦，占绍文. 区域文化创意产业竞争力形成机理差异化研究［J］. 统计与决策，2015（21）：96－100.

[4] 曾涛，杨朔，占绍文. 区域文化创意产业竞争力形成机理仿真研究［J］. 统计与决策，2018，34（2）：64－68.

为基础建立动态博弈模型，预测我国区域文化创意产业未来的发展方向。

三、林业产业竞争力研究

（一）国外林业产业竞争力研究

国外关于林业产业竞争力的研究相对较多，而森林资源丰富程度高与丰富程度较低或低的国家更能引起专家学者的重视，其判断依据是森林资源的有效供给和丰富程度。上述两类国家的林业产业发展模式相似，具体过程是经过初步加工本国或进口木材资源，进而通过深加工生产高附加值的商品。国外研究林业产业时，通常通过其加工过程分析发展模式，最终探究发现提升林业产业国际竞争力的渠道和方法。

波特在1990年出版的著作《国家竞争优势》中，分析世界主要国家的行业竞争力，提出工业竞争力由主要因素与辅助因素共同作用而形成，根据其研究成果构建“钻石模型”，并将生产要素、相关支撑产业、国内市场需求、企业战略、企业结构、同业竞争归结为竞争力形成的主要因素。政府行为和机会这两个辅助因素进一步补充产业竞争力的主要框架[1]。在逐步完善的理论研究中，产业集群理论应运而生，而研究范围越来越广泛，既包含集群概念研究、优劣势分析研究，也包括集群形成的影响因素以及实证分析等诸多方面[2]。林业产业集群的形成能够协

---

[1] 芮明杰. 产业竞争力的“新钻石模型”［J］. 社会科学，2006（4）：68－73.

[2] Bin Mei. Event Analysis of the Impact of Mergers and Acquisitions on the Financial Performance of the U. S. Forest Products Industry ［J］. Forest Policy and Economics，2010.

调企业之间的竞争与合作的关系，通过相互协作促进资源共享，并促进效益实现最大化，提高林业产业在国际市场上的竞争力。

国外林业产业的研究更注重林产品的市场问题和贸易条件。主要研究领域包括：在林产品结构方面（David J Brooks，1997）[1]，研究主要内容是市场需求如何影响林产品生产线的广度和深度；在森林资源的保护、获取和利用效率方面（FAO，2004）[2]，主要从林产品市场化和价格化的角度研究限制森林资源出口保护国内林产品的方法，即研究林产品的市场趋势和价格发展趋势（Peck T J，2002）[3]；在林业企业经营战略方面（Barbier 和 Edward R，2002）[4]，主要探讨林业企业的一系列发展战略，包括资源获取战略、营销战略、技术创新战略等；在林业产业发展的技术与组织方面（Gan Jiangbang，2003）[5]，研究利用技术创新促进产业升级，优化产业组织结构，提高林业产业国际竞争力。此外，学者 Peck T J（2001）[6] 发现，瑞典林业企业作为世界

---

[1] Brooks D J. Demand for Wood and Forest Products：Macroeconomic and Management Issues［C］//Proceedings of the XI World Forestry Congress. 1997：13－22.

[2] FAO World Forestry Long－Term Forecast［2004—2005］. http：//www.fao. org/forestry/en/. 2004.

[3] Peck T J. The Invitational Timber Trade［J］. Forest Produces Journal，2002，52（9）：10－19.

[4] Barbier，Edward R. The Effects of the Uruguay Round Tariff Reduction on the Forest Product Trade：A Partial Equilibrium Analysis［J］. The World Economy，2002（1）：87－115.

[5] Gan Jiangbang. Risk and Damage of Southern Pine Beetle Outbreaks under Global Climate Change［J］. Forest Ecology and Management，2003（1）：9－11.

[6] Peck T J. Forestry Enterprises and Resources［J］. Forest Produces Journal，2001，49（2）：25－33.

上技术最先进的企业之一，近年来通过并购，迅速占据国际林产品市场，赢得市场占有率。荷兰的森林资源非常匮乏，但其通过进口林业资源进行精细化加工，现已发展为林产品生产大国。Jean Mater（2005）❶ 提出通过国际合作促进林业产业的共同发展，以合资、战略联盟等多种形式推动林业产业的跨国经营。FAO（2004）❷ 报告指出，林业资源丰富国家的发展模式值得借鉴，例如瑞典在其林业产业的发展过程中，同时带动相关产业（如农牧业）的发展，这种发展模式对实现工业化起到了极大的带动作用，使各项产业协同发展，包括原材料的供应实现多样化选择，对国家经济强大提供源源不断的动力。林产品贸易体系的形成，滋生了认证体系与许可体系（Ewald Rametseiner 和 Markku Simulation，2003）❸，森林认证措施的实施，促进了林业产业的标准化发展，这在促进森林资源的绿色发展的同时也打击了不合规企业的恶性竞争行为。

Ewald Rametseiner 和 Gerhard Weiss（2005）❹ 的研究则以提高林业产业的竞争力为目的，构建系统模型，通过与创新过程结合的方式获得林业产业竞争力的影响因素，结果证实林业创新与

---

❶ Jean Mater. The Role of the Forest Industry in the Future of the World [J]. Forest Products Journal, 2005, 55 (9): 6 - 7.

❷ FAO World Forestry Long - term Forecast [2004—2005]. http: //www.fao.org/forestry/en/. 2004.

❸ Ewald Rametseiner, Markku Simulation. Forest Certification: an Instrutment to Promote Sustainable Forest Management? [J]. Journal of Enviromental Management, 2003, 67: 87 - 90.

❹ Ewald Rametseiner, Gerhard Weiss. Innovation and Innovation Policy in Forestry: Linking Innovation Process with Systems Models [J]. Forest Policy and Economics, 2005: 87.

政策鼓励的重要性。Constance Van Horn、Jean – Marc Frayret 和 Diane Poulin (2006)[1] 研究创新、价值创造和竞争力对林业产业的影响。Matthias Dieter 和 Hermann Englert (2007)[2] 基于国际贸易数据，对全球化条件下德国林业产业的竞争力进行分析。Jelaeie Denis 等 (2008)[3] 对中国木材加工业的竞争力影响因素进行分析。Bin Mei (2010)[4] 分析并购业绩对美国林产品行业的影响。Nenad Savić 和 Makedonka Stojanovska 及 Vladimir Stojanovski (2011)[5] 基于波特的钻石模型，分析马其顿林业产业竞争力创造和竞争优势发展的影响因素。Ajani J (2011)[6] 研究中国林业的全球市场份额，并在分析木材资源的生产力水平后，对木材价格走势予以重点关注。Klaus Seeland 和 Joël Godat 及

[1] Constance Van Horn, Jean – Marc Frayret, Diane Poulin. Creating Value with Innovation: Form Centre of Expertise to the Forest Products Industry [J]. Forest Policy and Economics, 2006, 8 (7): 751 –762.

[2] Matthias Dieter, Hermann Englert. Competitiveness in the Global Forest Industry Sector: an Empirical Study with Special Emphasis on Germany [J]. European Journal of Forest Research, 2007 (12): 63 –69.

[3] Jelaeie Denis, et al. Motivation Factors in Wood Processing and Furniture Title of Manufacturing Translation [J]. Drvna Industry, 2008 (7): 11 –21.

[4] Bin Mei. Event Analysis of the Impact of Mergers and Acquisitions on the Financial Performance of the U. S. Forest Products Industry [J]. Forest Policy and Economics, 2010.

[5] Nenad Savić, Makedonka Stojanovska, Vladimir Stojanovski. Analyses of the Competitiveness of Forest Industry in the Republic of Macedonia [J]. SEEFOR, 2011, 2 (1): 16 –23.

[6] Ajani J. The Global Wood Market, Wood Resource Productivity and Price Trends: an Examination with Special Attention to China [J]. Environmental Conservation, 2011, 38 (1): 53 –63.

Ralf Hansmann（2011）❶ 通过研究，发现创建区域森林组织、加快林业创新发展，能够提升瑞士林业产业的竞争力，同时更能刺激区域经济的增长。James Peter Sutcliffe、Adrian Wood 和 Julia Meaton（2012）❷ 研究埃塞俄比亚西南部林业的竞争力，并制定长远发展规划。Gan Jianbang（2013）❸ 分析美国林业产业的竞争力，并通过离岸外包模型制定合理化发展模式。

（二）国内林业产业竞争力研究

国内越来越多学者开始关注林业产业竞争力的研究和分析，但研究深度不够，指标分析单一，全面研究与综合分析仍有待提高。

从我国林业产业的国际竞争力来看，孔繁斌（2006）❹ 基于波特的钻石模型理论，综合考虑数量、价值、占有率、价格、利润水平和劳动效率等因素，通过对林业产业竞争力影响因素的研究，评价竞争环境。毛力（2007）❺ 基于分析我国林产品的

---

❶ Klaus Seeland，Joël Godat，Ralf Hansmann. Regional Forest Organizations and Their Innovation Impact on Forestry and Regional Development in Central Switzerland［J］. Forest Policy and Economics，2011，13（5）：66－79.

❷ James Peter Sutcliffe，Adrian Wood，Julia Meaton. Competitive Forests－making Forests Sustainable in South－west Ethiopia［J］. International Journal of Sustainable Development & World Ecology，2012（19）：6－16.

❸ Gan Jianbang. Economic and Environmental Competitiveness of US－Made Forest Products：Implications for Offshore Outsourcing［J］. Journal of Forestry，2013（11）：12－18.

❹ 孔繁斌. 基于 Porter 理论的中国林业产业国际竞争力评价［J］. 林业科学，2006（9）：106－113.

❺ 毛力. 中国林产品国际贸易及其竞争力分析［D］. 北京：中国林业科学研究院，2007.

国际贸易，并运用贸易相关理论对竞争力予以研究，结合竞争力指数发现市场占有率对我国林产品的全球竞争力影响较大。通过比较优势分析得出我国林产品的竞争力优势资源是劳动力，同时劳动力也为竞争力的形成提供不竭动力。龙叶（2011）[1] 从定性与定量分析出发，并以此为基础构建分析模型，结果显示外商投资能够影响林业产业的发展。从宏观角度对提高外资利用水平提出发展对策，以此提高我国林业产业的全球竞争力，推动林业产业的科学发展。

王晓栋（2007）[2] 以主成分分析法为主对我国木材产业的国际竞争力进行评价，以波特的钻石模型为辅构建评价指标体系，研究木材产业的发展机遇，分析发展的问题，并总结劳动力与国际竞争对林业发展的影响，并以此为基础提出发展对策。徐军等（2014）[3] 分析中国造纸业发展所处的国际环境，运用波特五力模型剖析其发展现状，在此基础上用市场占有率测度国际竞争力，结果显示通过扩大国际贸易提高比较优势可以明显改善竞争力。宋维明、印中华（2009）[4] 发现我国林业产业在政府主导与政策支持下正在实现规模经营，研究表明国际竞争力受规模化发展影响较大，在运用规模经济与贸易理论对影响因素进

---

[1] 龙叶. 利用外资对中国林业产业国际竞争力的影响研究［D］. 北京：北京林业大学，2011.

[2] 王晓栋. 我国木材产业国际竞争力评价指标体系研究［D］. 北京：北京林业大学，2007.

[3] 徐军，王雁斌，程宝栋. 中国造纸产业国际竞争力分析［J］. 北京林业大学学报（社会科学版），2014（4）：73－77.

[4] 宋维明，印中华. 关于中国林业产业规模化发展的若干思考——基于规模经济贸易理论的研究［J］. 农业经济问题，2009（1）：70－76，112.

行深度分析后，找到林业产业发展中存在的问题，并针对国际贸易与创新提出林业产业规模化发展建议。

近年来，国内学者开始将区域林业竞争力作为研究焦点。宋诚英（2007）❶ 对区域竞争力进行研究，对比江西及其他七个省份近些年的林业发展数据，包括林木资源和产业分布情况，结果显示江西的竞争力水平相对较高。李波、吴铁雄（2008）❷ 对湖北省林业产业竞争力的优劣势进行研究，并对其发展提出建议。姜钰、姜崧（2008）❸ 基于循环经济分析对黑龙江省的林业产业进行研究，从循环发展理念出发，建立循环产业竞争力评价体系。顾晓燕、聂影（2009）❹ 从区域综合竞争力和国际综合竞争力的角度，分析我国主要林产品的数据，采用七项国际常用的评价指标，如国际市场占有率、贸易指数、比较优势指数等，并实证分析国际竞争力，发现有出口因素的指标对林产品发展作用明显。奉钦亮、张大红（2010）❺ 和英磊、徐敏迪（2010）❻ 对我国林业产业的区域竞争力进行分析。前者运用主成分分析法分析七项指标的影响，即森林面积、森林蓄积量、

---

❶ 宋诚英. 提升江西林业产业竞争力的研究［J］. 江西林业科技，2007（1）：50－52.

❷ 李波，吴铁雄. 湖北省林业产业竞争力研究［J］. 中国民营科技与经济，2008（11）：65－66.

❸ 姜钰，姜崧. 基于循环经济的黑龙江省林业产业竞争力提升研究［J］. 农机化研究，2008（11）：44－46.

❹ 顾晓燕，聂影. 中国木质林产品国际竞争力的实证分析［J］. 林业经济问题，2009（4）：350－353，358.

❺ 奉钦亮，张大红. 我国林业产业区域竞争力实证研究［J］. 北京林业大学学报（社会科学版），2010（1）：95－100.

❻ 英磊，徐敏迪. 基于主成分分析的全国各省市林业产业综合竞争力研究［J］. 商场现代化，2010（20）：105－107.

林业总产值、林业固定资产投资、林业从业人员投资、专业技术人员投资、劳动生产率；后者运用同样的方法进行更为深入的研究，并以研究成果为参考提出促进林业产业形成区域竞争力的建议。刘传奇（2010）❶ 在研究福建省各地区的林业竞争力时，以IMD竞争力评价模型为基础对26项指标进行分析，结合李敏荣竞争力模型发现了福建省各地区的发展优劣势，针对各地区存在的不同问题，因地制宜地给出发展的规划和建议。但研究也存在局限性，例如研究分层时未充分讨论层次之间的联系，也未对各层的因素进行相关性测试，导致评价模型的检测结果存在不准确性。李明圆（2014）❷，英磊和徐敏迪（2010）❸，凌棱、罗欢焕和周驰杰（2014）❹ 等在研究中发现林业产业的区域竞争力优势主要体现在资源与产业基础上。国内学者在研究林业产业区域竞争力时出发点各不相同、研究方向各异、研究成果不一，导致林业产业竞争力的形成仍存在分歧。

曹颖和万志芳（2012）❺ 以黑龙江省的林业产业为例，利用偏离—份额分析方法，收集近十年的产业结构数据评价区域竞争力，并以此为基础，制定升级产业结构的规划，即通过加大

---

❶ 刘传奇. 福建省九地市林业竞争力比较研究［D］. 福州：福建农林大学，2010.

❷ 李明圆. 黑龙江省林业产业发展问题研究［D］. 哈尔滨：东北农业大学，2014.

❸ 英磊，徐敏迪. 基于主成分分析的全国各省市林业产业综合竞争力研究［J］. 商场现代化，2010，20：105－107.

❹ 凌棱，罗欢焕，周驰杰. 基于Porter理论的区域林业企业竞争力评价［J］. 中国林业经济，2012（4）：56－58.

❺ 曹颖，万志芳. 黑龙江省林业产业结构分析——基于偏离—份额分析法［J］. 林业经济，2012（11）：102－104，115.

力度发展第三产业获得核心竞争优势以实现第二产业的规模发展。田云、张俊飚、李波（2012）❶ 在分析我国林业产业区域差异时，选取具有代表性的13个指标，通过数据分析对我国各省份的林业产业竞争力进行排序。

黄蓓、王瑜（2011）❷ 引用国外研究林业产业竞争力的GEM模型，对我国林业产业竞争力进行集群分析，在原有模型的基础上提出“第四因素”的影响，建立GEMS模型，构建中国林业试验竞争力评价体系。王颖曼、贾利（2014）❸ 通过黑龙江省林业产业竞争力的评价工作，运用聚类分析法和区位熵法对黑龙江省林业产业竞争力进行测度。奉钦亮、覃凡丁（2012）❹ 运用主成分分析法对林业产业竞争力进行测度和分析，用20个指标对各省份林业产业竞争力进行评价和排序，并对林业发展提出一些可行性建议。但是，对研究中各主要成分权重的确定方法没有详细说明，且各主要成分的权重没有被排除在外，这可能导致建立的评价体系的科学性、客观性降低，可信度下降。同样，田云、张俊飚、李波（2012）❺ 对我国31个省份（香港特别行政区、澳门特别行政区及台湾省未列入分析）林业产业综

---

❶ 田云，张俊飚，李波. 中国林业产业综合竞争力空间差异分析［J］. 干旱区资源与环境，2012（12）：8－13.

❷ 黄蓓，王瑜. 林业产业集群竞争力研究［J］. 中国人口·资源与环境，2011（S1）：554－557.

❸ 王颖曼，贾利. 黑龙江省林业产业集群发展策略研究［J］. 中国农学通报，2014（32）：60－65.

❹ 奉钦亮，覃凡丁. 基于主成分分析的广西林业产业竞争力计量分析［J］. 广东农业科学，2012（4）：163－167.

❺ 田云，张俊飚，李波. 中国林业产业综合竞争力空间差异分析［J］. 干旱区资源与环境，2012（12）：8－13.

合竞争力进行分析，发现黑龙江、云南、西藏的综合竞争力位居第一，宁夏、天津、青海的综合竞争力位居第二。聚类结果表明，黑龙江等10个省份属于林业产业“高层次高潜力”区，海南等5个省份属于“高层次低潜力”区，西藏等5个省份属于“低层次高潜力”区的高电位区，新疆等11个省份属于“低层次低潜力”区的低电位区。孙雪、许玉粉（2014）[1] 选取10个林业产业竞争力分析指标，采用主成分分析法计算我国31个省份林业产业竞争力的综合得分和排名。结果表明，吉林省林业产业竞争力居全国第九位，综合得分为0.49371。提高产业竞争力还有很大的空间。为解决不同影响评价指标的影响权重问题，魏远竹、郑传芳、张春霞（2009）[2] 在中国林业产业竞争力研究中运用主成分分析法，通过专家会议打分的方法得到各影响因素的权重，得出各省份竞争力的影响排序，并对林业产业发展进行评价，说明发展趋势。专家会议打分法存在局限性，主观性对打分的影响较大，缺乏客观性分析，评价结果不甚理想。为保证评价的客观性，王刚、曹秋红（2015）[3] 基于熵权法得出指标权重，以此为基础结合OWA模型与OWGA模型对影响因素进行测度。为保证测量结果的可靠性又借助偏好系数对功能状态与协调状态进行综合，形成特殊的测度模型。而后对我国各地区的林业产业竞争力进行实证分析，最终对不同地区的林业产业竞争力水平进行综合排名。时间因素会干扰评价结果的准确性，为降

[1] 孙雪，许玉粉．基于主成分分析法的吉林省林业产业竞争力分析［J］．安徽农业科学，2014（12）：3591－3593.

[2] 魏远竹，郑传芳，张春霞．中国省域林业竞争力指标体系构建及综合评价分析［J］．综合竞争力，2009（1）：58－63.

[3] 王刚，曹秋红．我国省区林业产业竞争力水平排序及聚类分析——基于OWA和OWGA组合测度模型［J］．林业经济，2015（5）：58－62.

低影响，丁贺、张颖、聂华（2014）[1] 利用动态偏离—份额分析法，以北京林业产业为例对竞争力做了深入评价，依据评价结果发现存在的问题，对林业产业结构提出优化建议。孟利清（2009）[2] 对林产品供应链管理系统进行研究，全面地分析系统的总体构成，并细化网络结构，运用 Multi – Agent 模型，结合 Flexsim 仿真软件研究林产品的供需关系。

以低碳环保为前提，李春波（2012）[3] 分析中国林业产业竞争力，通过收集低碳、减排两项数据研究林业产业的发展现状，并提出发展建议。此方法数据支撑相对准确，做到了定量分析，但文中并未从定性角度出发建立模型。辛姝玉、张大红（2014）[4] 运用偏离—份额分析法对 2002—2012 年北京市林业产业结构和区域竞争力进行分析。在构建林业低碳竞争力指标体系的基础上，李春波（2012）[5] 运用因子分析法对西南地区林业产业竞争力进行实证评价。温健（2014）[6] 研究黑龙江省国有林业产业竞争力，提出提升林业产业竞争力的建议对策。王刚、曹秋红

---

[1] 丁贺，张颖，聂华．基于动态偏离—份额法的北京市林业产业结构和竞争力研究［J］．江苏农业科学，2014（5）：412 – 415.

[2] 孟利清．基于 Multi – Agent 的林产品供应链管理研究［D］．南京：南京林业大学，2009.

[3] 李春波．基于低碳经济的林业产业竞争力研究［J］．中国林业经济，2012（4）：10 – 12，18.

[4] 辛姝玉，张大红．低碳经济背景下北京市林业产业结构及竞争力研究［J］．林业经济问题，2014（4）：357 – 362.

[5] 李春波．林业低碳竞争力指标体系的构建及实证评价——以西南地区 5 省市为例［J］．安徽农业科学，2012（12）：7207 – 7208，7211.

[6] 温健．黑龙江省国有林区林业产业竞争力提升的探讨［J］．中国林业经济，2014（3）：70 – 72.

（2015）[1] 对我国各省份林业产业竞争力水平进行排序和分析，根据 OWA 模型和 OWGA 模型求出目标的功能性和协调性状态，构建综合测度模型，对我国各省份林业产业竞争力进行实证研究。陶陈丽（2017）[2] 基于低碳经济的背景，针对云南林业产业竞争力构建林业产业竞争力指标评价体系，运用 AHP 分析方法对 2009—2014 年云南林业产业竞争力水平进行实证研究。罗梦思（2018）[3] 对湖南省林业产业竞争力进行研究分析，依据湖南省林业产业发展现状，以资源竞争力指标、市场竞争力指标、技术竞争力指标、资本竞争力指标和外部环境竞争力指标为基础构建指标评价体系，对湖南省林业产业竞争力进行综合评价。王刚、陈伟、曹秋红（2019）[4] 将我国 29 个省份的林业产业竞争力作为研究主体，依据外显竞争力、核心竞争力、基础竞争力及产业环境竞争力四个方面创建我国林业产业竞争力评价指标体系。利用 Entropy－TOPSIS 模型进行实证测度，结果显示我国各省份林业产业竞争力差异明显。

四、国内外研究现状评述

依据目前国内外林业产业的研究，我们可以发现：我国林

[1] 王刚，曹秋红．我国省区林业产业竞争力水平排序及聚类分析——基于 OWA 和 OWGA 组合测度模型［J］．林业经济，2015（5）：58－62.

[2] 陶陈丽．低碳经济下云南林业产业竞争力评价指标体系研究——基于 AHP 分析［J］．当代经济，2017（21）：56－57.

[3] 罗梦思．湖南省林业产业竞争力研究［D］．长沙：中南林业科技大学，2018.

[4] 王刚，陈伟，曹秋红．基于 Entropy－TOPSIS 的林业产业竞争力测度［J］．统计与决策，2019（18）：55－58.

业产业的发展在很多方面存在问题，尤其体现在资源使用率不高、地方政府林业产业发展意识不够、资源依赖性较高、林业发展不充分等方面。本书在充分参考前人有关研究的基础上，总结归纳国内外林业产业竞争力相关研究，发现其大体上存在以下四个方面的特点。

第一，国内外的研究重点均集中在某个产业竞争力或者有关国际竞争力层面，对区域间林业竞争力的对比研究较少，还处在初步阶段，但与此同时受到越来越多学者的青睐，越来越多学者对其展开研究。因此，我们很有必要将林业产业竞争力作为主要研究对象进行更深入的研究分析，同时丰富相关理论体系。

第二，现有的相关文献研究虽然都在一定程度上涉及竞争力的构成要素及影响竞争力的要素，但缺乏对我国林业产业竞争力构成要素的详细及具体的分析，对其展开的定量研究也十分稀少，同时也缺乏很全面的、科学的验证和剖析。

第三，在大部分关于林业产业国内外产业竞争力研究文献中，都是将评价指标的选择视为竞争力评价的关键步骤，目前在指标体系构建以及林业产业竞争力构成等方面，缺少系统全面的理论模型作为支撑，还需要进一步加强和完善关于林业产业竞争力评价指标体系构建的研究体系。

第四，在分析林业产业竞争力时，发现关于竞争力的评价方法数不胜数，但却很少有针对林业产业竞争力的评价体系，特别是区域竞争力方面，我们需要对其进行更深入的实证研究。

本书从林业产业竞争力现状分析出发，采用结构方程模型发现其影响因素，以更为深刻地揭示其形成机制，通过创建竞争力评价指标模型，基于静态、动态两个角度，测度黑龙江省林业产业的竞争力水平，研究成果对实现林业产业的可持续发展具有重要的理论与实际意义。

第三节　主要内容和研究方法

一、主要内容

本书界定林业产业竞争力的含义，分析林业产业竞争力的特点，比较我国林业第一、第二、第三产业的产出结构，以及国内外林业产业的产值和产业规模，并在对资源开发竞争力现状进行分析的基础上，对中国不同地区林业产业的资源和区域竞争力现状进行分析，找出我国林业产业区域竞争力存在的问题，并对其成因进行分析。本书建立概念模型对林业产业竞争力的形成机制进行深入研究，并根据理论假设，进一步确定样本规模与问卷方式。为保证数据获取的准确性、客观性，通过各种渠道发放相当数量的问卷，经过将无效数据筛选剔除的方式确保数据真实可靠，经过 SPSS 和 AMOS 等软件检验数据信度、效度，验证理论假设，揭示影响林业产业区域竞争力因素的形成机理。针对林业产业的特点，结合数据的分析结果，建立“四位一体”的模型，即通过研究林业四方面的竞争力（产业环境竞争力、基础竞争力、核心竞争力、外显竞争力）与各影响因素之间的关系，发现能够促进林业产业发展的途径。为对区域竞争力进行有效分析，通过找寻模型各个要素之间的相关性设计初步评价指标体系。在选取关键指标时首先利用群体决策特征根法进行筛选，并进一步用 Pearson 法对指标的相关性进行评价，以此为基础构建林业产业区域竞争力评价指标体系。

针对林业产业区域竞争力的特殊性，为保证评价结果的准确性，以熵权法、TOPSIS综合评价法和线性加权函数法为基础确定竞争力评价模型。以统计年鉴的数据为依据，从静态与动态两个层次出发评价我国区域林业产业竞争力总体水平，并详细分析黑龙江省的具体情况。依据评价结果将区域林业产业竞争力划定为四个等级，即最弱竞争力、弱竞争力、强竞争力、最强竞争力。本书对四个等级的竞争力进行深入剖析，总结林业产业发展的区域差异，并对形成原因进行分析。以研究成果为依据，根据我国林业产业的发展现状，围绕国家未来战略重点，从宏观、中观、微观角度出发为促进黑龙江省林业产业发展提出建议。

二、研究方法

林业产业竞争力的研究过程中运用了以下四种方法。

第一，本书在文献资料的基础上，结合历史数据统计，收集《中国统计年鉴》《中国林业统计年鉴》《中国科技统计年鉴》《中国工业经济统计年鉴》《中国家具年鉴》《中国劳动年鉴》和2018年的《中国林业和草原统计年鉴》、29个省份的统计年鉴和其他权威的统计年鉴等各种途径的数据，以此为依据对我国林业产业竞争力进行全面研究，基于分析和SEM模型，对我国林业产业竞争力的影响因素、形成机制和水平进行测度和评价。

第二，运用因子分析法对影响林业产业区域竞争力的因素进行分析。从系统的角度，构建林业产业竞争力的“四位一体”模型，根据模型的实用性对林业产业竞争力的构成进行分解，并研究各要素之间的相关性。

第三，根据林业产业区域竞争力评价指标体系的构建原则，建立林业产业竞争力初选评价指标体系。运用群体决策特征根

（GEM）方法，确定林业产业竞争力初选评价指标体系的关键指标，并利用 Pearson 法评价指标间的相关性，建立我国林业产业区域竞争力评价指标体系，为林业产业区域竞争力评价提供科学的方法。

第四，基于熵权法、TOPSIS 综合评价法和线性加权函数法，构建我国区域林业产业竞争力评价模型。参考 2013—2017 年《中国林业统计年鉴》和 2018 年的《中国林业和草原统计年鉴》、2013—2017 年《中国统计年鉴》以及国家统计局、国家知识产权局、国家科技部等门户网站，从静态和动态角度评价黑龙江省及我国区域林业产业竞争力，将我国林业区域产业竞争力划分为四个层次：最强、强、弱和最弱。

技术路线的总体思路如图 1－1 所示。

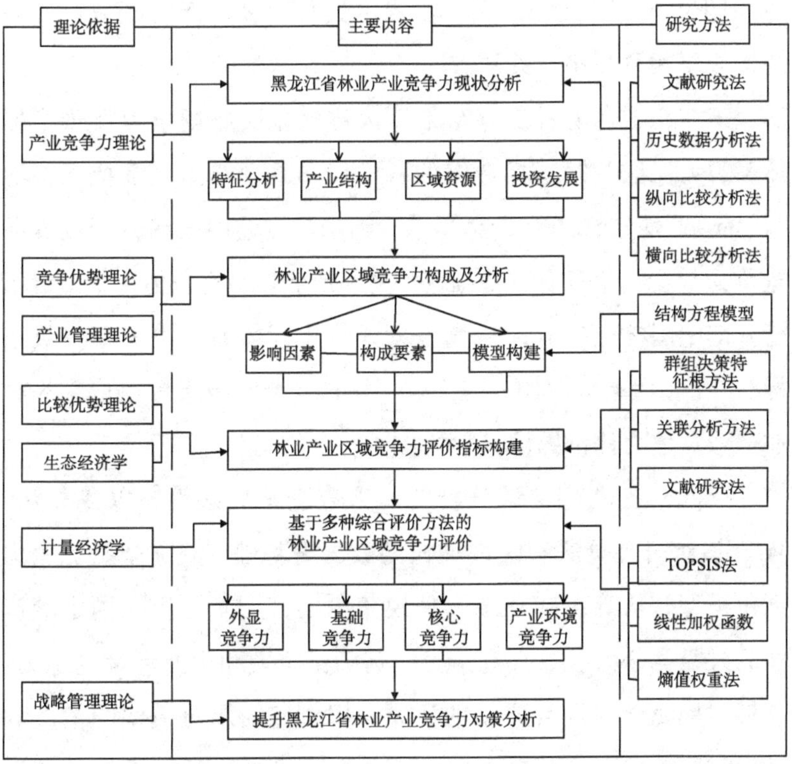

图 1－1　研究总体思路

第四节 创新之处

第一，分析主客体影响因素对我国林业产业区域竞争力的影响，以此为基础构建概念模型，为检验理论假设，利用 SPSS 和 AMOS 等软件进行数据分析，并最终发现各要素是如何影响林业产业竞争力形成机制的。

第二，在分析林业产业区域竞争力影响因素形成机理的基础上，结合林业产业的实际特点，首次构建林业产业区域竞争力“四位一体”模型，进一步揭示其驱动林业产业区域竞争力的构成要素及其相互关系。

第三，结合现有研究结果，构建林业产业竞争力评价指标体系，为保证关键指标选取的科学性，通过群体决策特征根法与 pearson 法结合的方式对其进行筛选。构建中国林业产业外显竞争力、核心竞争力、基础竞争力和产业环境竞争力 4 个二级指标，即中国林业产业区域竞争力评价指标体系，由 1 个一级指标、4 个二级指标、10 个三级指标和 21 个四级指标组成，为林业产业竞争力评价提供科学的方法。

第四，在进行定量分析时，为规避其局限性，以熵权法、TOPSIS 综合评价法和线性加权函数法为基础，建立全新竞争力评价模型，从静态和动态两种视角出发，全面分析我国区域产业的外显竞争力、核心竞争力、基础竞争力和产业环境竞争力，并针对黑龙江省进行详细的研究。用研究结果对模型的信度和效度进行检验，为从静态与动态两个维度评价我国区域林业产业竞争力创建全新的途径。

第五，在研究林业产业竞争力时，大多数学者通过单一的评价方法进行研究，因每个人的关注点各异，导致多属性的林业产业竞争力无法得出准确的研究结果，这也使学术界未形成统一有效的评价方法，因此从理论角度出发可行的众多评价模型往往得出的结论不一致。为了解决这些问题，本书首次以组合评价法为基础建立全新的评价模型：首先选取若干独立评价方法，并通过利用 Kendall 法验证各方法的相容性，以此为基础，得出不同林业产业竞争力的评价结果；其次通过前期评价，在 borde 组合评价法的基础上，将独立评价一致性检验的排序结果进行组合，分别采用 Copeland 组合评价法和整体差异组合评价法，得到反映对象综合属性的组合评价排序结果；最后进行 Spearman post 一致性检验，检验组合评价法和单一相容性评价法的贴近度，最终确定最优组合评价排名结果。这样就可以尽可能地避免单项评价方法的缺陷，建立通用性相对较强的评价模型，解决评价方法的互不兼容与差异性，这样得出的评价结果更加科学有效，同时也是对竞争力评价方法的创新。

第二章　黑龙江省林业产业竞争力现状分析

林业产业在黑龙江省国民经济发展中有着举足轻重的作用，林业产业在生态环境建设中也起着重要的调节作用。分析林业产业总体情况的规律及变化，结合近年来黑龙江省林业的具体发展情况，找出林业产业在发展过程中的突出问题，并分析其形成原因，这一环节是深入了解林业产业竞争力的基本前提，也是深刻研究林业产业竞争力的坚实基础。

第一节　林业产业含义界定及其类别明晰

一、林业产业的含义

林业在国民经济发展中具有重要的推动作用，是国民经济不可或缺的一部分。林业具有改善生态环境、维护生态平衡，以及为林产品和木质产品提供基础原材料的优点。人类在现代科技发展的基础上，通过先进的技术及科学的管理方式，对森林资源进行合理的培育和利用，使林业的优点充分发挥，将森林资源合理经营能够带动国家经济、环境、人口和资源共同协调发展，并且能够推动相关产业以及社会基础产业的可持续发展。

林业产业是以保护和培育树木、开发和利用森林为主要目的，以经营生产林木产品为主体的生态经济产业之一。林业产业的含义有两个方面，即广义林业产业和狭义林业产业。其中，作为大林业群的广义林业产业由三部分构成，即林业第一产业、林业第二产业和林业第三产业，林业所产生的效益贯通生态、社会和经济各个方面；而狭义的林业产业则特指运用生产技术及生产活动对森林资源进行开发和利用，进而生产出能够满足人们生产、生活需要的产品。林业第一产业可以描述为“在森林生态系统中，能够直接地和培育性地生产或二次开发生产自然资源的物质生产部门”，同时按照国际上对林业的划分标准，可将林业第一产业分为木质林产品产业和非木质林产品产业两种。第二产业可以描述为“通过物理化学等方法对森林生态系统中的原材料和初始产品进行加工制作的物质生产部门。第三产业可以描述为“通过旅游服务业及其他服务产业等体现的非物质文化生产部门”。

二、林业产业的分类

根据《中国林业统计年鉴》，并结合已有文献的国内外分类方法，依据资源特征、生产方式和产品类型，将林业产业划分为第一产业、第二产业及第三产业三个大类别，且三个产业中均涵盖若干个小产业。

涉林产业及林业系统非林产业从属于林业第一产业。涉林产业以木材和竹材为主要原材料，通过长期的科学管理进行培育、种植以及采伐，以达到贯彻和落实可持续性发展理念的长远目标。林木的培育与种植、花卉的种植、陆生野生动物的繁殖与利用、林业产业生产辅助性服务、木材和竹材的开采与运输及经济林产品的种植与采集作为六个林业亚产业从属于涉林产业。其中，林木的培育和种植包含播种、育苗、造林及林木的经营与管理几个步骤；木材及竹材的开采与运输顾名思义包含木材采运和竹材采运两部分，其中，商品材、农民自用材和农民烧柴属于木材采运范围内，除毛竹和嵩竹其余竹材都属于竹材采运范围；经济林产品的种植与采集包含水果、干果、药材、林业食品及茶饮作物的种植与采集；野生动物的繁殖与利用包含陆生野生动物的狩猎、捕捉和饲养等。当前，上述产业发展态势良好，特别是拥有丰富森林资源的地区，发展速度迅猛。

林业第二产业涵盖涉林产业和非林产业两部分。木竹藤棕苇制品制造及木材加工、木质工艺品和文教体育用品制造、非木制林产品加工制造、木竹藤家具制造、木竹苇浆造纸、林产化学产品制造以及其他作为七个林业亚产业从属于涉林产业；其中，通过对木材进行加工，对木竹藤棕苇等制品的制造，进而对这些林产品进行深加工，并丰富其包装，将原始材料加工成人造板或编造工艺品等形式，从而将其自身价值变成经济价值，根据这一特点，又可将其分为木制品、人造板、竹藤棕苇制品制造，以及锯材木片加工。例如，木质竹藤家具制造业是通过加工木材和竹藤，进而制作成木质家具的产业；木竹苇浆造纸业是将木竹苇最终加工成纸的产业；林产化学产品制造业是利用化学方式对林产品加以改造，进而生产出医药用品、橡胶制品等化工产品的产业。

林业第三产业涵盖传统林业第三产业和现代林业第三产业。前者主要是指林业服务行业，而后者则指的是林业技术服务、林业旅游与休闲服务、林业专业技术服务、林业公共管理服务及其他组织服务。林业旅游与休闲服务是指能够为人们提供休闲娱乐的空间场所，可供人们进行活动和娱乐，当前，随着社会经济的飞速发展，该服务必将跻身于热门行业之中。林业生态服务是指利用森林的碳汇功能有效解决温室效应等难题，进而有效地缓解经济发展带来的环境破坏问题。虽然目前还没有引起人们的广泛关注，但林业生态服务具有巨大潜能和发展前景。

第二节　黑龙江省林业产业现状

一、黑龙江省林业发展现状

（一）森林和湿地资源

黑龙江省森林资源情况较为良好，统计数据显示，2017 年全国森林覆盖率为 21.63%，黑龙江省森林覆盖率达到 43.16%，全国排名第九；全国林地面积为 31259 万公顷，黑龙江林地面积为 2207.40 万公顷，占全国 7.06%；黑龙江省活立木总蓄积量排全国第三，总量为 177720.97 万立方米，占全国活立木总蓄积量的 10.82%；黑龙江省森林蓄积量占全国森林蓄积量的 10.87%，排全国第三。黑龙江省湿地资源拥有量也较多，排全国第四，共有 514.33 万公顷，其中主要是沼泽湿地。

（二）黑龙江省林业产业生态建设

黑龙江省紧跟国家政策导向，大力支持林业生态建设。数据显示2017年黑龙江省总造林面积处于快速上升阶段，总造林量达到97591公顷，人工造林面积为主要来源，共有36579公顷，其中新增混交林面积1600公顷，增造灌木林面积4428公顷。2017年封山育林面积55330公顷，退化林修复面积25014公顷。黑龙江省在天然林资源保护工程建设方面成果也较为突出，全工程区木材量有59804立方米，造林面积19588公顷；森林抚育面积541344公顷，2017年年末实有封山育林面积达到278407公顷。黑龙江省还有157个自然保护区，其中国家级自然保护区43个，保护面积678万公顷；重要湿地地区有7个，面积达到71.46万公顷；黑龙江省还有7个国家级野生动物保护区。

（三）黑龙江省林业产业发展

2017年，全国林业产业生产总值达到71267亿元，其中林业第一产业23365亿元，林业第二产业33953亿元，林业第三产业13949亿元。黑龙江省林业生产总值为1466.7亿元，占全国总值的2.1%，其中林业第一产业总值为611.4亿元，占全国第一产业总值的2.62%；林业第二产业总值为519亿元，占全国第二产业总值的1.53%；林业第三产业生产总值为336.2亿元，占全国第三产业总值的2.41%。以上数据显示了黑龙江省林业产业第二产业生产水平较低，林业附加值挖掘不够。

黑龙江省2017年商用木材总产量91.18万立方米，主要产出木材是针叶木材，木材的主要来源90%以上是人工林，其中大部分由村及村以下各级组织的农民个人生产和国有林场事业单位生产。黑龙江省经济林产品生产量较低，水果产品总量为85.59万吨，主要是黑龙江省纬度较高，年均温度较低造成的。但由于黑龙江省近年来大力推行林下经济，本地区的森林食品产量较高，达到457590吨，其中食用菌产量全国第二，为361066吨；黑龙江省木材产品如木竹地板锯材等产量较高，但产品销售价格较低，产业处于中下水平，林业经济的挖掘深度不够。

（四）黑龙江省从业人员和劳动报酬

从林业系统从业人员和劳动报酬角度看，2017年林业系统单位数量、从业人员数量都在减少，工资有所上升，体现了林业系统生产效率的提升。黑龙江省林业系统共有1943个单位，其中事业单位占主要部分。从业人员达到333956人，其中企业人数占80.72%，多数从业人员从事木竹的开采与运输行业。黑龙江地区林业系统人员工资水平较低。

（五）黑龙江省林业投资

全国林业投资2017年完成4800亿元，其中主要来源有中央财政资金、地方财政资金以及自筹资金。黑龙江省2017年林业投资总计152.75亿元，占全国的3.18%，投资比例较小，这与黑龙江省财政收支情况有关，投资的主要来源为中央财政资金支持，黑龙江省林业投资主要集中于林业基础设施建设以及林业旅游设施建设。

（六）黑龙江省林业教育

高素质人才是行业发展的基石，林业教育近年来也在快速发展，数据显示2017年林业相关专业毕业生达到15万余人，在校生达到52万余人，其中本科教育、研究生教育人群占主要部分，教职工近3万人，如此庞大的人才体系是我国林业产业高速发展的重要保证。

二、黑龙江省林业产业总况

（一）林业产业在国民经济中的地位

由表2-1可知，我国林业总产值上升较快，20年间由最初的1707.76亿元增长到71267.07亿元，上涨了47.13倍。全国林业总产值占国内生产总值的比重逐年增长，由最开始的1996年的2.40%到2017年的8.68%，均值为5.36%，方差为1.31，这表明我国林业相关产业正在成长为我国经济的重要发展点，同时林业增长较为稳定。

表2-1 全国林业总产值占国内生产总值比重

年份＼指标	全国林业总产值（亿元）	国内生产总值（亿元）	比重（%）
1996	1707.7603	71176.6	2.3993
1997	1918.2411	78973.0	2.4290
1998	2727.8452	84402.3	3.2320
1999	3126.5776	90368.7	3.4598
2000	3555.4753	99214.6	3.5836
2001	4248.3109	114164.1	3.7212
2002	4634.2420	120332.7	3.8512
2003	5860.3258	135822.8	4.3147

续表

年份 \ 指标	全国林业总产值（亿元）	国内生产总值（亿元）	比重（%）
2004	6892. 2066	159878. 3	4. 3109
2005	8458. 7418	184937. 4	4. 5738
2006	10652. 2163	216314. 4	4. 9244
2007	12533. 4211	265810. 3	4. 7152
2008	14406. 4129	314045. 4	4. 5874
2009	17493. 7336	340902. 8	5. 1316
2010	23638. 4099	405378. 1	5. 8312
2011	30596. 7308	472881. 6	6. 4703
2012	39450. 9075	538580. 0	7. 3250
2013	48152. 8267	592963. 0	8. 1207
2014	54894. 5326	641281. 0	8. 5603
2015	60338. 3625	685993. 0	8. 7958
2016	65859. 9941	740061. 0	8. 8993
2017	71267. 0717	820754. 0	8. 6832

运用软件 EVIEWS 8. 0 对全国林业总产值变化趋势进行分解后发现，如图 2 –1 所示，林业总产值趋势项呈现稳定上升趋势，随机波动项只在 2009 年处于负向波动状态，其余多为正值。这表明全国林业总产值呈现加速上涨的趋势。

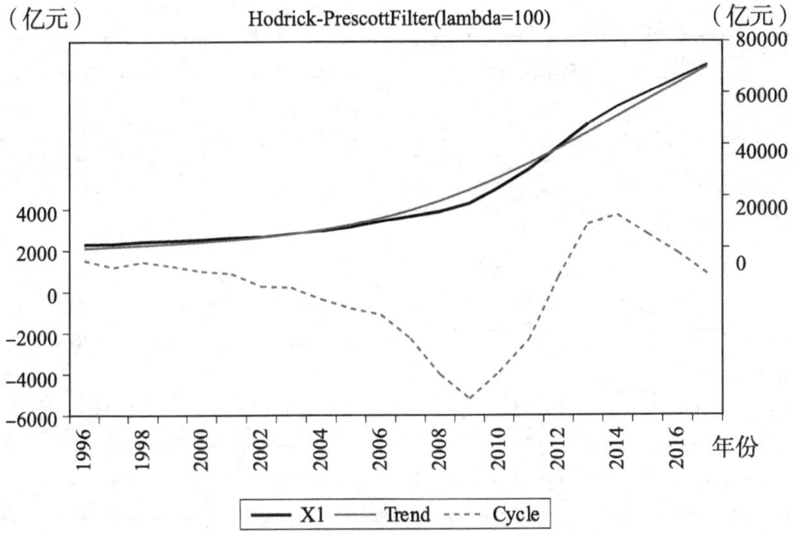

（X1：全国林业总产值，Trend：趋势项，Cycle：随机波动项）

图 2－1　全国林业总产值变化趋势

（二）林业产业在黑龙江省经济中的地位

黑龙江省林业总产值占黑龙江省生产总值情况见表 2－2，数据显示黑龙江省林业总产值呈现逐年稳定上升的趋势，由 1996 年的 102.4933 亿元增长至 2017 年的 1466.7033 亿元。与此同时黑龙江省林业总产值占黑龙江省生产总值的比重也呈现上升趋势，最小值为 1997 年的 3.741%，最大值为 2017 年的 9.223%，16 年的均值为 6.14%。黑龙江省林业产业发展潜能巨大，待开发资源较多。各级政府应给予相应的支持与倾斜。

表 2－2　黑龙江省林业总产值及占生产总值的比重

指标 年份	全国林业总产值（亿元）	国内生产总值（亿元）	比重（%）
1996	102.4933	2402.58	4.2660

续表

指标 年份	全国林业总产值（亿元）	国内生产总值（亿元）	比重（%）
1997	101.3246	2708.46	3.7410
1998	112.8406	2798.88	4.0316
1999	124.7721	2993.72	4.1678
2000	131.3684	3253.00	4.0384
2001	138.2115	3450.70	4.0053
2002	143.2933	3637.20	3.9397
2003	192.3306	4057.40	4.7402
2004	215.9610	4750.60	4.5460
2005	235.5218	5511.50	4.2733
2006	353.7080	6188.90	5.7152
2007	441.8432	7104.00	6.2196
2008	499.2378	8314.37	6.0045
2009	580.3188	8587.00	6.7581
2010	738.6982	10673.42	6.9209
2011	916.7585	12582.00	7.2863
2012	1093.8089	13778.80	7.9383
2013	1281.3789	14546.30	8.8090

续表

指标 年份	全国林业总产值（亿元）	国内生产总值（亿元）	比重（%）
2014	1381. 1164	15132. 20	9. 1270
2015	1438. 5038	15174. 50	9. 4797
2016	1501. 0987	15386. 10	9. 7562
2017	1466. 7033	15902. 70	9. 2230

对黑龙江省林业总产值变化趋势进行分解后发现，如图2－2所示，林业总产值趋势项呈现稳定上升趋势，但是随机波动项呈现发散形态，且在2001—2011年（十一年）随机波动项处于负向波动状态，对总上升趋势有抑制效果，近年来也呈现扩大的抑制效果，这是多因素综合导致黑龙江省林业发展速度减缓的。

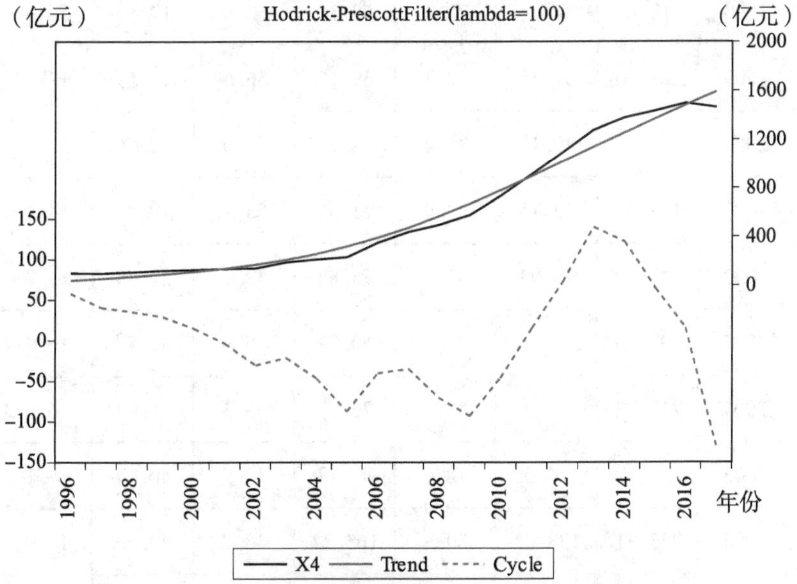

（X4：黑龙江林业产值，Trend：趋势项，Cycle：随机波动项）

图2－2　黑龙江省林业总产值变化趋势

三、黑龙江省林业产业结构

依据林业产业的资源特征、产品类型、生产方式等将其分为林业第一、第二、第三产业，根据1997—2017《中国林业统计年鉴》和2018年的《中国林业和草原统计年鉴》的相关数据，以及1996—2017年黑龙江省林业第一、第二、第三产业的发展情况及各自占比的变化见表2－3。

表2－3　黑龙江省林业产业结构

产值及占比 / 年份	总产值（亿元）	第一产业产值（亿元）	占比（%）	第二产业产值（亿元）	占比（%）	第三产业产值（亿元）	占比（%）
1996	102.49	23.86	23.3	68.43	66.7	10.20	10.0
1997	101.33	27.22	26.9	65.81	64.9	8.30	8.2
1998	112.84	32.08	28.4	68.36	60.6	12.40	11.0
1999	122.50	37.65	30.7	69.26	56.6	15.59	12.7
2000	127.72	40.11	31.4	68.97	54.0	18.64	14.6
2001	135.01	43.75	32.4	71.86	53.2	19.40	14.4
2002	143.30	45.03	31.4	75.82	52.9	22.45	15.7
2003	192.33	89.77	46.7	69.99	36.4	32.57	16.9
2004	215.97	103.91	48.1	76.24	35.3	35.82	16.6
2005	235.52	114.00	48.4	81.18	34.5	40.34	17.1
2006	353.71	138.83	39.3	165.22	46.7	49.66	14.0
2007	441.84	178.81	40.5	203.29	46.0	59.74	13.5

续表

年份 \ 产值及占比	总产值（亿元）	第一产业产值（亿元）	占比（%）	第二产业产值（亿元）	占比（%）	第三产业产值（亿元）	占比（%）
2008	499.40	200.61	40.2	226.75	45.4	72.04	14.4
2009	580.31	217.61	37.5	271.59	46.8	91.11	15.7
2010	727.63	299.75	41.2	318.37	43.7	109.51	15.1
2011	916.76	342.87	37.4	422.69	46.1	151.20	16.5
2012	1535.26	581.85	37.9	685.25	44.6	268.16	17.5
2013	1894.82	1087.62	57.4	473.71	25.0	333.49	17.6
2014	1963.91	765.93	39.0	805.20	41.0	392.78	20.0
2015	2022.50	436.87	21.6	594.61	29.4	991.02	49.0
2016	2116.91	980.13	46.3	787.49	37.2	349.29	16.5
2017	3427.27	2145.47	62.6	688.88	20.1	592.92	17.3

由表2－3与图2－3可以看出，黑龙江省林业第一、第二、第三产业在近20年内变化幅度均较为明显，其中，林业第一产业的产值总体呈现先上升后下降的趋势，在2017年达到最大值，占比超过60%，而最小值出现在1996年，占比仅为23.3%；林业第二产业的产值占比总体呈现下降趋势，具体表现为先加速下降后波动下降的趋势，其中占比最大值发生在1996年达到66.8%，最小值出现在2017年，占比刚达到20.1%；相比于第一、第二产业产值，黑龙江省林业第三产业产值相对稳定，总体在10%～20%之间，最高值出现在2015年，最低值出现在

1997 年。在 2002 年之前黑龙江林业第二产业占比最大，远超第一、第三产业，之后第一产业占比快速提升，占比情况逐渐向第一产业大于第二产业、第二产业大于第三产业方向发展。黑龙江省林业产业内部结构中，第三产业比重较低，反映当前对林业资源的开发利用效率不足，当前的发展主要依赖于林业资源本身而不是林业资源的深加工与开发。黑龙江省林业产业发展过于依赖森林资源，要加大林业产业的投入、促进其发展，同时要大力发展林业第三产业，调整林业产业格局，对资源配置进行优化处理，开发新型林业产业。由依赖资源型的产业向深加工、高附加值的产业转变，是林业现在以及未来的主流发展模式，也是林业产业实现现代化发展的必由之路。

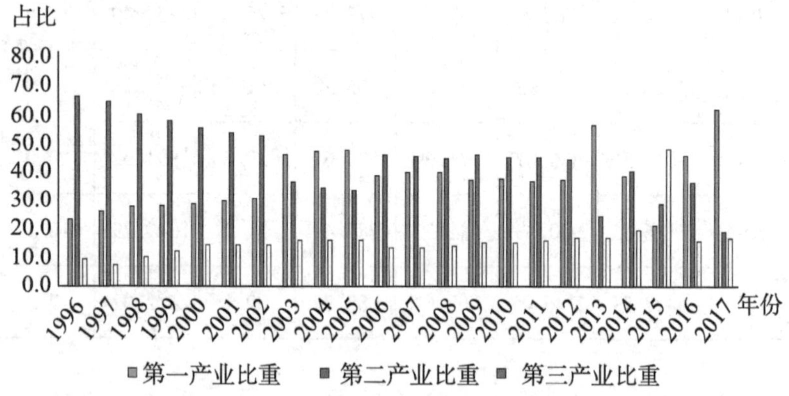

图 2－3　黑龙江省林业产业结构变化

第三节　黑龙江省林业产业的地区差异

本书主要利用省域内数据横向对比，对黑龙江省林业产业竞争力进行分析。黑龙江省林业资源在省内也存在显著差异，为了更好地分析黑龙江省林业产业竞争力，选取黑龙江省16个行政区域进行分析（见表2－4），由于绥芬河市与抚远县原归属于牡丹江市和佳木斯市，2011年两地才设立行政区划，因此对比中会有数据缺失情况，但不影响整体分析效果。

表2－4　黑龙江省各地区林业产业发展情况　（万元）

地区＼产值＼年份	2011	2012	2013	2014	2015	2016	2017
哈尔滨	235221	258268	282806	299920	308504	323451	302931
齐齐哈尔	48598	49460	53238	57444	68203	72238	80458
鸡西	84931	100360	115251	137226	142052	150069	85627
鹤岗	23023	21440	27040	21215	22762	18333	15378
双鸭山	21460	24412	27262	32410	33616	35775	37687
大庆	20417	21690	27357	34574	36065	49980	66220
伊春	212736	249315	276379	288390	290383	301557	293050
佳木斯	40997	45078	67486	56934	60011	77288	103097
七台河	10716	12715	12715	16000	34000	37000	39708
牡丹江	96576	81238	56330	56355	30857	31037	51775
黑河	69136	81834	112462	144711	192625	212619	248114
绥化	55847	60718	73057	67365	69832	74556	77538
大兴安岭	312476	376688	434814	447111	309247	335533	265480
农垦总局	69465	84169	108777	90530	82737	83854	100972

续表

产值 年份 地区	2011	2012	2013	2014	2015	2016	2017
绥芬河市	—	464	190	89	61	5	4
抚远县	—	1750	2410	2800	3600	3950	4266

分析表2-4可得，黑龙江省林业产业地域分布不均匀，各地区呈现较大的差异。对以上数据取年度均值后发现，黑龙江省林业产业产值最高的地区为大兴安岭地区，七年均值为35.4亿元；排名第二的地区为哈尔滨，七年均值为28.73亿元；排名第三的地区为伊春，均值为27.31亿元；排名第四的地区为黑河，均值为15.16亿元；排名第五的地区为鸡西，均值为11.651亿元；排名第六的地区为农垦总局，均值为8.86亿元；排名第七的地区为绥化，均值为6.84亿元；排名第八的地区为佳木斯，均值为6.44亿元；排名第九的地区为齐齐哈尔，均值为6.14亿元；排名第十的地区为牡丹江，均值为5.77亿元；排名第十一的地区为大庆，均值为3.66亿元；排名第十二的地区为双鸭山，均值为3.04亿元；排名第十三的地区为七台河，均值为2.33亿元；排名第十四的地区为鹤岗，均值为2.13亿元；排名第十五的地区为抚远县，均值为0.31亿元；排名第十六的地区为绥芬河市，均值为0.014亿元。地区间数据差异较大，林业产值最大的大兴安岭地区是最小的绥芬河市的2000多倍，除去自然条件因素外，还与当地对林业经济发展的重视程度有紧密关系。

由黑龙江省各地区林业产业产值占比情况（见表2-5），可以发现，黑龙江省林业产业产值排名前三的大兴安岭、哈尔滨和伊春三个地区的林业产值达到黑龙江省林业总产值的60%，地区之间差异极为明显。分别选取黑龙江省林业产业产值排名第一、第四、第七、第十、第十四的地区作趋势图，如图2－4所示，可以看出黑龙江省各地区林业经济产值发展较为稳定，但大兴安岭地区产值有所下降，这与近年来黑龙江省政策有紧密关系。

表2－5　黑龙江省各地区林业产业产值占比

年份 / 占比 / 地区	2011	2012	2013	2014	2015	2016	2017
哈尔滨	0.18072	0.17574	0.16858	0.17108	0.18314	0.17897	0.17092
齐齐哈尔	0.03734	0.03366	0.03174	0.03277	0.04049	0.03997	0.04540
鸡西	0.06525	0.06829	0.06870	0.07828	0.08433	0.08304	0.04831
鹤岗	0.01769	0.01459	0.01612	0.01210	0.01351	0.01014	0.00868
双鸭山	0.01649	0.01661	0.01625	0.01849	0.01996	0.01980	0.02126
大庆	0.01569	0.01476	0.01631	0.01972	0.02141	0.02766	0.03736
伊春	0.16344	0.16965	0.16475	0.16451	0.17238	0.16686	0.16535
佳木斯	0.03150	0.03067	0.04023	0.03248	0.03562	0.04277	0.05817
七台河	0.00823	0.00865	0.00758	0.00913	0.02018	0.02047	0.02240
牡丹江	0.07420	0.05528	0.03358	0.03215	0.01832	0.01717	0.02921
黑河	0.05312	0.05568	0.06704	0.08255	0.11435	0.11765	0.14000
绥化	0.04291	0.04132	0.04355	0.03843	0.04145	0.04125	0.04375
大兴安岭	0.24007	0.25632	0.25919	0.25504	0.18358	0.18566	0.14979

续表

地区 \ 占比 \ 年份	2011	2012	2013	2014	2015	2016	2017
农垦总局	0.05337	0.05727	0.06484	0.05164	0.04912	0.04640	0.05697
绥芬河市	0.00000	0.00032	0.00011	0.00005	0.00004	0.00000	0.00000
抚远县	0.00000	0.00119	0.00144	0.00160	0.00214	0.00219	0.00241

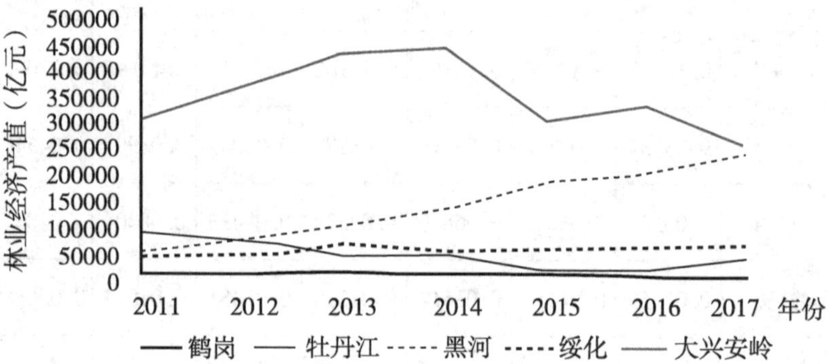

图 2－4　黑龙江省各地区林业经济产值

第四节　林业产业市场竞争力存在的问题及原因分析

一、林业产业市场竞争力存在的问题

作为国民经济的支柱性产业，林业产业在国民经济的发展过程中具有重要作用。经过长期的探索与实践，黑龙江省的森

林覆盖率、森林蓄积量、森林面积、木材深加工和旅游业的发展均有明显提高。但同时也存在一些突出问题，可以总结为以下四点。

（一）林业产业技术创新能力薄弱

2013—2017年R&D投入整体处于快速增长趋势，这说明国家越发重视林业产业技术创新能力的发展，优化林业产业结构，通过技术创新提高核心竞争力的特点必将成为林业产业发展的大趋势。从总体来看，林业产业结构随R&D投入的增多而不断优化，并逐渐形成“一辅二主三快速”的发展模式，这与原来的“一二为主三为辅”的产业结构截然不同，可以说林业产业在产业结构上发生了根本性变化。规模大的木材加工业及木竹藤棕草制品业的企业，其年专利申请量随R&D投入的增多大致呈现相似的递增态势，2013—2017年专利申请量由283件增长到788件，数量增加了2.78倍。专利申请量的大幅增加表明林业产业正经历从传统工业型向科技创新型转变，从资源主导型向科技主导型过渡的重要阶段，但整体的科技水平还有待提高。此外，林业第一产业中部分行业技术含量仍旧较低，如天然林、经济林等，同时，森林覆盖率也有待提高，当前仍有一定比例的森林覆盖面积属于绿化林而不是经济林，仅依靠自然资源进行产品的生产；第二产业中的木材深加工类产品创新力度不够，独有的知名产品和冠名商标也相对较少，同时与装备制造业相比，林业产业的专利申请量、商标拥有量都较少，以及对科技的重视力度不足，科学技术在林产品输出方面的贡献率不高，林业企业的整体素质也有待提高，这些问题都直接影响林产品行业的市场竞争力，从而使该产业的经济效益受损。

（二）林业产业市场开发力度不足

通过《中国统计年鉴（2018）》可知，我国林业产业的生产和运营难以达成大规模发展，且销售产值也较低，从2017年林业产值的占比可以发现：中南地区占总产值的比重最大，为29.66%，其次为华东和西南地区，分别约为28.72%和20.99%，华北和东北地区比重较小，分别为8.85%和7.73%，西北地区比重最小，仅为4.05%。这表明在我国林业产业的发展过程中，地区之间发展很不均衡，且差距较大。通过2017年的总产值数据可以看出，中南地区、华东地区和西南地区的产值明显高于其他地区，分别达到了1477.43亿元、1430.6亿元和1045.25亿元，而其他地区产值都低于600亿元，特别是西北地区，产值仅为201.44亿元。因此，强大的市场竞争力才是创造更大产值的关键，同时地区林业产值的高低也能够在一定程度上反映出该地区林业产业竞争力的强弱。通过2017年的相关数据可以看出，目前，我国华东地区和中南地区的林业产业市场竞争力相对较强，其余地区林业产业竞争力相对较弱。

（三）林业产业相关产品附加值低

当前我国林业产业技术水平较低，科研成果转化较慢。我国林产品生产过程中的技术含量较低，产品生产依旧处于高投入、低产出的阶段。林产品加工业规模较小，产品也多为低档次的初级产品，进行深加工及精加工的产品相对较少，能够综合利用的产品也较少，并没有将多种森林资源进行合理的开发与利用。大多数产品的生产都只是将原材料进行再加工，科技含量低，导致相关产品附加值低，且原材料的成本在产品销售收入中比重较大，为资源消耗型产业，资源利用率较低，使林产品的竞争优势不明显。

（四）林业产业国际化水平有待提高

现如今，国际上贸易保护形式变化多端，例如，关税壁垒、反倾销、技术标准等，都直接影响我国林产品的出口，尽管近几年我国对林产品的进出口贸易重视程度提高，资源配置也逐渐优化，林业产业的发展有了一定的资金支持，但国际贸易形势依旧严峻，其限制了我国林产品“走出去”，也制约了林业产业国际化水平的提高。

二、林业产业市场竞争力存在问题的原因分析

（一）市场竞争意识有待提高

作为国民经济支柱型产业之一的林业产业是一个涵盖第一、第二、第三产业的综合性产业，对国家总体经济发展的贡献不容忽视。然而，改革开放至今，国家持续大力发展工业制造业和现代服务业，相对忽视了林业产业的发展，导致该产业的市场竞争意识薄弱，经营模式也多为传统的生产运营方式，且产业结构不合理，其中第三产业仍处于初期的起步阶段，林业第一、第二、第三产业占比分别为：30.17%、57.21%和12.62%。想要大力发展林业第三产业，就需要不断开拓新市场，开发新的客户群体，以获得更大的市场竞争优势，但目前我国林业第三产业的整体市场竞争意识不强，许多与林业相关的配套设施和服务都无法满足市场的需要，与林业第一、第二产业之间的发展不协调。

由于林业产业的重要地位，长期以来我国号召的为国家发

展做贡献的经营理念未曾动摇，为保护自然生态及水资源，国家实施了天然林保护计划，林业第一产业被禁止开发。在此条件下，林业第二、第三产业开始更多地关注市场的需求和变化，逐渐形成竞争意识，但在很多方面依旧无法适应市场的需要，如品牌的开发、生产模式的转换、生产规模的改变等，因而应在这些方面加大努力，使其更好地适应市场的变化、应对日趋激烈的市场竞争。

（二）林业产业科研资金投入不足

国家实施天然林保护计划以来，天然林保护工程一期、二期顺利开展，国家大力投资林业产业，正是解决林业发展中资金短缺的重要措施，且投资力度增加显著。因此，在资金充沛的条件下，林业产业在创新能力方面有所提高，但林业产业整体的基础设施建设和科技创新力度仍处于传统产业水平。国家在林业产业方面的 R&D 投入力度不足，且天然林保护工程的资金投入也大部分用于第一产业的生产和经营上，第二、第三产业的资金投入少之又少，同时由于林业产业的获利水平有限，使林业产业在技术创新方面资金投入受到限制，林产品技术含量提升缓慢，不能满足市场不断变化的需要，在一定程度上降低了林产品的市场竞争力。

（三）缺乏高端创新人才队伍

由于林业第一产业的发展过度依赖自然资源，受自然环境影响较大，因而其产品的生产受客观因素影响明显；第二产业主要以满足市场需求为目的，但因产品生产成本过高，且产品技术含量较低，因此产业经济收益一直处于低谷期；第三产业目前依旧处于起步阶段，还未形成规模效益，因而无法吸引高端人才的加入。因此，林业产业缺乏高素质高水平的人才，技术创新力度薄弱。但是，一支团结稳定的创新人才队伍能够引领企业洞察市场行情，准确了解市场需求，进而带领企业推出适销对路的产品和服务，以获得强有力的竞争优势和稳定的经济效益。

（四）林业产业集群程度较低

林业产业特点鲜明，其涵盖产业范围广、产业链长，是一个产品种类丰富的复合型产业群体。但由于受行政区域划分因素的影响和自然条件的约束，林业产业在布局上表现出集中的特征，其中林业第二产业涉及的加工制造企业主要分布在我国两大产业带上，一是主要依靠平原林区的江苏、河南和山东三省，二是由浙江、福建、湖南、江西、广东和安徽组成的南方林区，这两部分含有的企业数量约为全国的70.76%。此外，由于近年来转变了林木资源的利用方式，目前人工林的利用率逐渐高于天然林，我国传统的木材加工业和木竹藤棕草制品业的制造基地（主要为东北林区和西南林区两大块）占比明显下降，林业中其余产业集群程度也相对较低，区域分布差异显著。尽管林业产业面积庞大，但产业的集群程度低，无法到达理想的规模效益和经济效益，这对林业产业在市场竞争力方面的发展形成了严重阻碍。

第五节 本章小结

本章在界定林业产业竞争力的具体含义后，深入分析林业产业竞争力的特点，并对黑龙江省当前林业三次产业的基本情况进行研究。分别从林业三次产业的产出结构、内涉林业和外涉林业的产值情况，以及各产业的实际规模进行比较和分析，同时针对我国各区域林业产业当前的资源利用情况、区域竞争力发展情况和资金投入情况进行探究，发现了我国林业产业竞争力在发展过程中存在的问题，并对问题产生的原因进行了研究。

第三章 林业产业区域竞争力理论模型构建

对我国林业产业发展状况及其现存问题进行分析之后，可以得到林业产业区域竞争力的构成要素及其之间的相关关系，这对构建林业产业区域竞争力模型具有十分重要的影响。本章以国内外现有的研究状况为依据，建立了一个模型，其主题是林业产业区域竞争力“四位一体”，然后对该理论模型进行深入的研究，进而分析林业产业区域竞争力组成要素间的相关关系。

第一节 林业产业及其区域竞争力的内涵和特征

一、林业产业及其区域竞争力的内涵

（一）林业产业的内涵

在2003年，我国可持续发展林业战略项目组认为林业竞争力应该分为广义林业竞争力和狭义林业竞争力两种。首先从狭义的角度讲，林业产业存在的目的是获取经济利益，它的渠道是

自身的资源优势，其次重新组织与林业相关的物质和非物质产品，最后投入到社会大生产中。从广义的角度看，林业产业是一个完整的经济主体，对生态和社会的协同作用能够使之完成集群效应。21 世纪以来，我国经济整体不断发展，林业产业作为完整的产业群体已经初具规模。本书将从广义的视角出发，从实际运行的角度深入地分析和研讨林业产业总体情况。

（二）林业产业区域竞争力的内涵

本书依据前文章节对产业竞争力及林业产业广义角度的定义进行分析，认为我国林业产业区域竞争力的含义为：林业产业以资源优势和技术效率等不同方面的共同优势为前提，以核心资源的运用能力为基本，以产业区域发展的异质性为条件，在林业产业的市场占有率和效率方面表现出具备更强大的竞争力。这种技能和能力是林业产业在激烈的市场竞争中不断形成的，同时也是林业产业不同因素和其实力的综合体现。

二、林业产业区域竞争力的特征

我国林业产业区域竞争力明确了其林业产业的内部相关联的特点，它也是在复杂变化的市场竞争条件下，林业生产能力占据优势的关键要素，林业产业区域竞争力主要有以下三个特点。

（一）林业产业区域竞争力的特殊性

林业产业具有一定的特殊性，它既可以输出林业相关产品的价值也可以对环境保护进行一定的改善，它是经济与环境相交叉的产业。林业产业的这种特性是无法被回避的关键要素，会受到环保组织的一定影响。

（二）林业产业区域竞争力的不可模仿性

产业集群亦称“波特集群”“竞争性集群”，是指在某一指定区域范围内某一行业内的竞争性企业以及与这些企业互动关联的合作企业、专业化供应商、服务供应商、相关产业厂商和相关机构的聚集：他们既彼此竞争又彼此协作，是一种以信任、关系维系的中间体制组织[1]。林业产业竞争力之所以具有不可模仿性，是因为林业产业竞争力是由其本身的相关特点构成的，如森林资源的集群优化、可再生性等特点。因此，本书认为林业产业区域竞争力是不可能被模仿的。

（三）林业产业区域竞争力的动态性

林业产业的区域竞争力是一种整体性的综合能力，它是由林业产业的自身资源、产业结构及经济发展水平等方面构成的，这是一个绝对概念，对我国林业产业在市场竞争中占据优势地位，发挥了不可替代的作用。同时林业产业区域竞争力具有空间性和时间性，因此竞争力会随着区域和时间段产生相对应的动态变化。

第二节 竞争力研究理论基础模型

评估林业产业区域竞争力不是研究的唯一目的，确定其构

[1] 张占贞．东北国有林区林业产业集群生态系统演进与成长研究［D］．哈尔滨：东北林业大学，2011.

成因素和影响要素部分并且可以用于后续的分析框架也是竞争力研究的重要目的。分析其长处和不足，为竞争力的分析提供理论依据，并有重复的外延和引申。而学术界研究的重点一直是如何确定其构成要素和影响因素❶。

（一）金碚工业国际竞争力模型

中外学者对产业竞争力做了大量的研究，奠定了坚实的工作基础，且从多角度切入分析，其中以中国科学院金碚提出的我国工业企业竞争力模型是最为著名的，如图3－1所示。

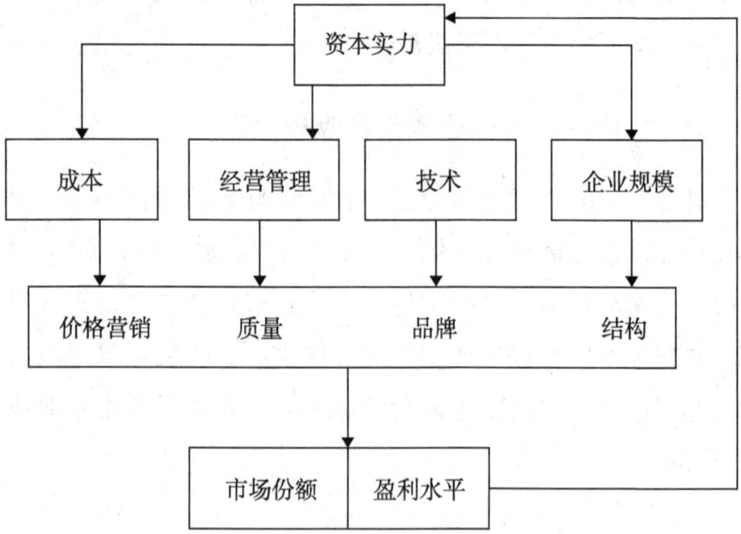

图3－1　金碚工业国际竞争力模型

金碚（1996）❷ 教授提出有关工业产业竞争力构成转化为价值构成的立场，并且以该观点为根据构建关于统计分析的推进

❶ 李春波．林业低碳竞争力指标体系的构建及实证评价——以西南地区5省市为例［J］．安徽农业科学，2012（12）：7207－7208，7211.

❷ 金碚．产业国际竞争力研究［J］．经济研究，1996（11）：39－44.

路径。金碚教授（1997）[1] 指出，各个国家或地区在各个发展时期，都有不一样的竞争力构成，而且这类构成随时间变化而变化，其中工业竞争力的竞争是最基本的，并且在理想条件下，最终能统一各个国家和地区间的竞争力差异。因此工业经济的竞争力是最为重要的方面，并最终以国际竞争力的改变为表现。金碚的工业国际竞争力模型为我国产业竞争力的研究提供了坚实的保障，模型中我国产业参与国际竞争与产业国际竞争发展阶段的特点两者较为相符，但其缺点在于以较为主观的方式进行模型指标的选取。虽然是通过调查问卷的方式对模型指标进行选取，但被调查者的观点可能并不是准确与全面的。而且认为各个指标在自己的体系中具有一样的重要性，但并没有指明每个指标因素在其重要性影响方面的差异。

（二）刘炳胜产业竞争力形成概念模型

刘炳胜、王雪青、曹琳剑（2010）[2] 根据亚当·斯密技术分工演化的产品差异竞争力框架和一般经济学、产业经济学以及新制度经济学等竞争力模型的优点、劣势，在其理论中始终强调国家作为经济主体的决定性作用。在复杂的竞争环境下一旦获得核心竞争优势，这种竞争力就会被迅速利用并尽可能地被放大，进而能够转化为强大的吸引力，这样就会有更多的资本进入，形成良性循环，实现效益的不断提升。

---

[1] 金碚. 中国工业国际竞争力——理论、方法与实证研究［M］，北京：经济管理出版社，1997.

[2] 刘炳胜，王雪青，曹琳剑. 基于 SEM 与 SD 组合的我国建筑产业竞争力动态形成机理仿真［J］. 系统工程理论与实践，2010（11）：2063 - 2070.

提升过程可以细分为三个阶段，第一阶段是通过资源优势获得大量的资金，为再生产制造提供坚实的基础，资源又有内部资源与外部资源之分，但无论是何种资源都能影响竞争力的形成；第二阶段是将经过生产加工的有形产品进行出售，并同时会获得一部分无形资产，只有出售完成实现效益后才会逐步形成产业的竞争力；第三阶段是经济主体的竞争力在演化过程中会使资本投入者根据产业的竞争力水平对资本进行加持或抽出，从而影响资源竞争力优势变得更为强大或逐渐丧失资源优势。具体过程，如图 3－2 所示。

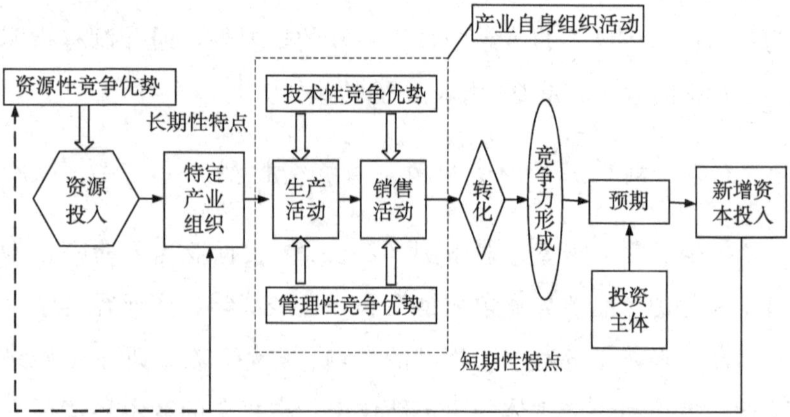

图 3－2　刘炳胜产业竞争力形成概念模型

该模型的最大优势在于将评价指标划分为“三大阶段”，实现了动态评价的作用，是产业竞争力理论研究中的重大创新，也为竞争力的实证研究提供新的思维角度。

该模型的缺点在于用投入、形成和新投入表示竞争力的实现过程具有不全面性。此外，该模型是基于国家宏观经济背景而提出的，并未深入研究不同区域的产业竞争力。

（三）倪鹏飞城市竞争力模型

倪鹏飞（2001）[1]实证研究我国的竞争力总体情况，建立了有关城市竞争力的弓弦模型，如图3－3所示。从图3－3中可以看出软实力（弦）与硬实力（弓）共同构成了城市竞争力。软实力是指无法具象化的竞争力，涉及的比较广泛，例如城市秩序、人文、管理水平等都属于软实力的范畴；硬实力是指生活中看得见摸得着的所在，如劳动力数量、资本情况、科技发展水平、环境优劣程度等。两者共同作用、相互影响决定着城市竞争力水平的高低。这一模型是首个以全新的思路，从形态上对竞争力进行了划分，对竞争力的研究具有重要意义。

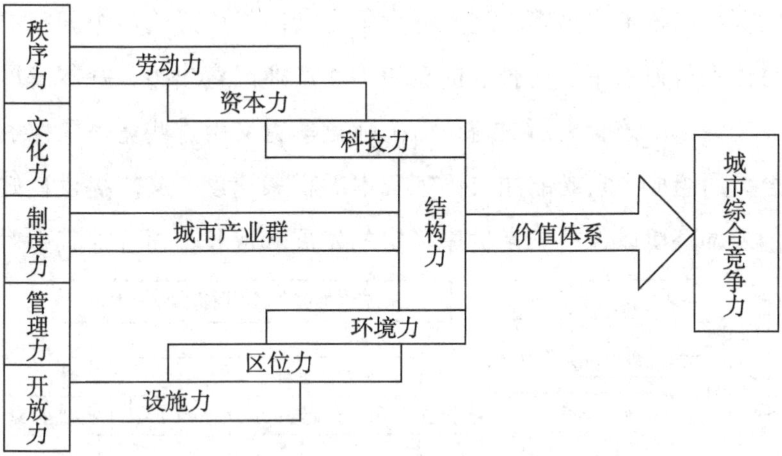

图3－3　倪鹏飞城市竞争力模型

该模型填补了现有模型中的缺陷，即对软性因素考虑不充分的问题，重点强调了竞争力构成要素的软性因素方面。但是

[1] 倪鹏飞. 中国城市竞争力的分析范式和概念框架［J］. 经济学动态，2001（6）：13－24.

也造成了该模型的软性因素过量，进而难以进行度量，除此以外，该模型中竞争力的构成要素多是单方面的要素，并未通过综合的体系对竞争力水平进行系统全面的分析。

（四）国家竞争力模型

中国人民大学竞争力和评价研究中心认为，可以将竞争力水平作为衡量一个国家发展潜力的指标。学者可以通过出口、劳动力、科技等对其进行具体分析，这些要素的有机结合又可以驱动经济的发展，进而获得国际竞争力。

该中心建立的竞争力模型，如图3－4所示，包括核心竞争力、基础竞争力和环境竞争力，其中核心竞争力是指国家层面的资金与技术实力等，这三种竞争力共同作用影响整个国家的总体竞争力水平。而企业的竞争力、产业的竞争力、基本发展竞争力都由该合力所决定，而国际竞争力又由这些竞争属性的合力所组成。它既能加快国家资本的积累速度，又能提供良好的外部环境以保持长期健康稳定的发展和成长，而且这其中对

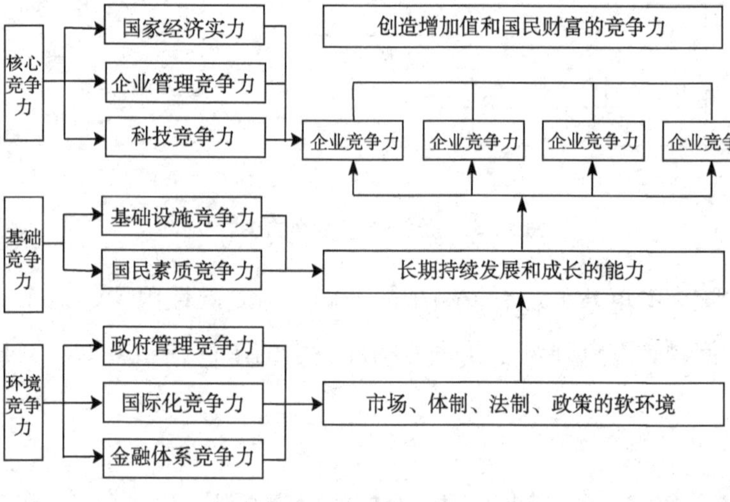

图3－4 国家竞争力模型

政策、法律等宏观要素进行了综合考量[1][2]。其缺陷是未考虑到竞争力结果性的显性因素，同时又单方面过多地强调原因性因素，从而导致无法综和全面评价产业竞争力。

第三节　林业产业区域竞争力构成要素分析

根据先前学者的持续研究和前文分析，内在竞争力和外显竞争力各自有着不同的特点，内在竞争力是发展的根据，外显竞争力是发展的结果，内在竞争力主导外显竞争力，外显竞争力是内在竞争力的外在体现。内在竞争力则主要包括产业环境竞争力、核心竞争力及基础竞争力三个模块。

一、林业产业外显竞争力要素分析

基于显性比较理论，结合林业产业相关特征，我们可以将林业产业外显竞争力要素分为林业产业实力和林业产业盈利能力两种。三者具体关系如图 3－5 所示。

---

❶ 中国人民大学竞争力与评价研究中心研究组．中国国际竞争力研究发展报告（1999）——科技竞争力主题研究［M］，北京：中国人民大学出版社，1999.

❷ 中国人民大学竞争力与评价研究中心研究组．中国国际竞争力研究发展报告（2001）——21 世纪发展主题研究［M］。北京：中国人民大学出版社，2001.

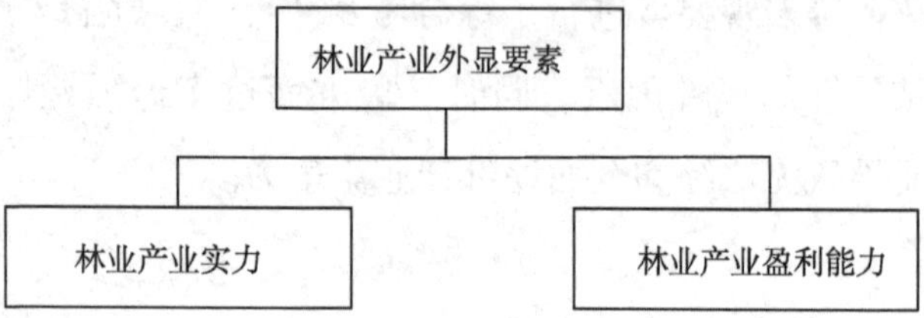

图 3－5　林业产业外显竞争力要素

（一）林业产业实力

产业实力具体体现的指标包括主营业务收入、产品在市场上的占有率（使用林业产品销售收入与全国产品总销售收入的比值表征）以及资产利润率[1][2][3]三部分内容。主营业务收入是体现林业产业盈利水平的主要指标。市场占有率是体现林业产业市场扩张能力的主要指标，它体现了黑龙江省林业产业区域竞争力所占市场份额的大小。资产利润率是体现林业产业资金回报率的主要指标，它反映了企业利润总额对企业全部资金平均占有额的比例[4]。

（二）林业产业盈利能力

林业产业盈利能力是衡量我国林业产业资金或者资本增值的能力，也是林业市场竞争力的重要组成部分。一个产业发展的

---

❶ 耿献辉. 中国木材加工及家具制造业：结构与关联——基于投入产出表的实证分析［J］. 林业经济问题，2009（6）：519－523.

❷ 陈向华. 东北国有林区林业产业组织优化研究［D］. 哈尔滨：东北林业大学，2011.

❸ 陈向华，耿玉德. 林业产业组织优化研究综述［J］. 林业经济，2012（7）：53－58.

❹ 杨畅. 资本市场与科技创新良性循环研究［J］. 生产力研究，2008（21）：48－50.

最终目的是为了获得利润，它的重要性远超过市场占有份额和产业规模，其可以直接展现出产业竞争水平的强弱。所以，评价林业产业区域竞争力的盈利能力视角值得关注，其内容主要依靠总利润额占全国利润总额比重来体现[1]。

二、林业产业核心竞争力要素分析

本书在回顾以往的研究之后发现，核心竞争力是一种技术和技能的综合体，它是产业独具的、使产业能取得领先地位所必须依赖的关键能力。保持竞争优势的同时，发挥各种生产要素的作用，加强其之间的耦合联系，突出企业技术、知识、产业结构和素质能力的基础地位，优化资源配置的能力[2]。因此，本书认为企业素质、林业产业结构和科技创新是林业产业核心竞争力的核心要素，如图 3－6 所示。

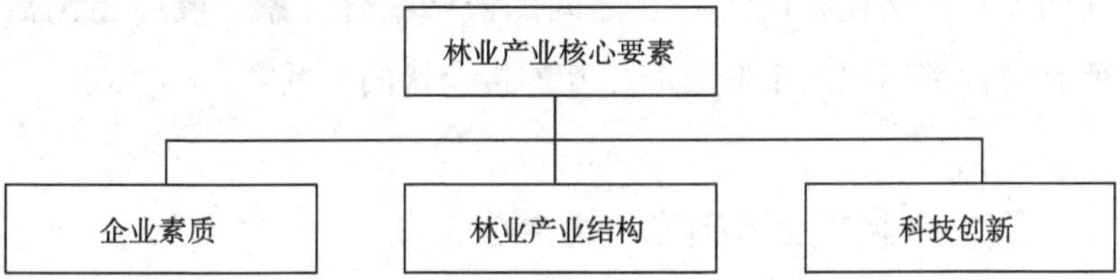

图 3－6　林业产业核心竞争力构成要素

关于产业的定义研究，迈克尔·波特[3]认为产业是一种集

---

❶ 张泽一. 产业政策对产业竞争力效应的分析 [J]. 广西社会科学, 2009 (5): 57－61.

❷ 陈颖. 产业竞争力影响因素与产业政策作用机制分析 [J]. 产业观察, 2009 (10): 80－81.

❸ 波特. 国家竞争优势 [M]. 李明轩, 邱如美, 译. 北京: 华夏出版社, 1990.

合，它们生产直接相关的产品。裴长洪[1]根据服务对象和其经济目的来确定产业的定义，经济目的和服务对象一样的产品组合成产业。企业就是产业的细胞，汇聚起来的竞争力构成产业的竞争力，因此，产业的竞争力主要取决于企业的能力，即企业素质在一定程度上决定产业竞争力。

黑龙江省林业产业竞争力同样与产业内部资源的配置结构、林业企业之间的关联紧密结合。黑龙江省林业产业竞争力并不等于每个黑龙江省林业企业的竞争力相加汇总。所以，产业竞争力的形成取决于产业内所有企业的素质和能力，但是整体产业竞争力不等于所有企业竞争力的简单相加[2]。要想将林业产业所有企业聚集起来形成合力，不仅需要发挥单个企业的竞争力，还需要发挥产业组织或者行业组织的作用。黑龙江省林业产业结构主要指企业规模按“头部、腰部、尾部”划分出来的不同类型企业的关系，还有处于第一、第二、第三产业中的企业之间的关系，又包括同类企业之间的协调结合关系，最终还包括所有特性都不同的企业之间相互连接合伙的关系[3]。

三、林业产业基础竞争力要素分析

黑龙江省林业产业核心竞争力的基础是黑龙江省林业产业的基础竞争力，其会对黑龙江省林业产业长期竞争力的持续性起保障和支撑作用，它决定着黑龙江省林业产业的未来。林业

---

❶ 裴长洪．产业竞争力综述［J］．当代财经，2003（11）：4－8.

❷ 范宪．企业核心竞争力理论：球论模型的新诠释［D］．上海：复旦大学，2003.

❸ 余东华．转型期中国产业组织结构优化研究［D］．济南：山东大学，2005.

产业基础竞争力要素由基础设施竞争力、生态建设及资源竞争力等三方面构成。如图 3－7 所示。

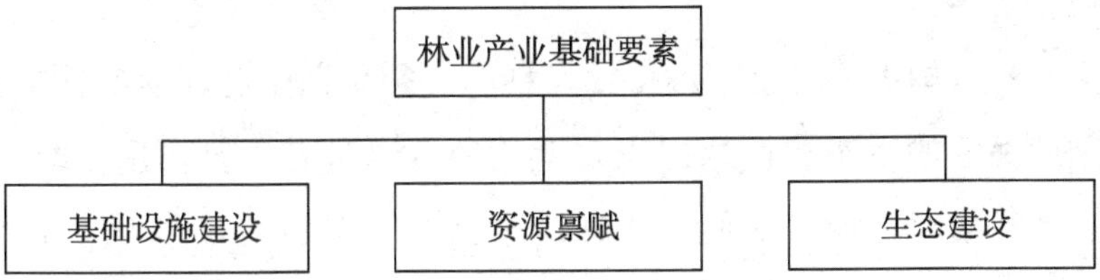

图 3－7　林业产业基础竞争力构成要素

首先，基础设施建设是林业产业发展的必要条件，包括运输、物流等配套设施，是黑龙江省林业产业发展的基石。林业产业的运行效率和成本与相关交通设备的完善程度息息相关。一方面，相关交通枢纽、产业经济发展和综合竞争力的提升会给林业产业的发展提供正面效应；另一方面，林业产业的运行设施条件也包括基层林业站数量、装卸设备等必需的物质技术设备。可以说，运输能力的现代化是林业产业现代化的物质基础。

对林业产业来说，森林覆盖率、森林蓄积量、森林公园面积等资源相关指标是反映其基础竞争力的重要指标，资源决定了林业产业是否能长久维系可持续发展，同时资源竞争力可以衡量我国各行政区区域林业产业所需资源的量化程度。作为林业产业区域竞争力构成的重要要素，同时也对整个林业产业区域竞争力发展产生着重要影响。丰富的自然资源会减少对应区域中林业企业的单位生产成本，进而提高林业产业竞争力，获得更加多的市场占有率。如今，由于我国对自然资源保护力度的加大以及各种限伐政策的颁布，以林业产业中木材加工产业为例，因为国内市场的木材资源供应不足加上国外各国原木出口的限制，导致我国各省份林业木材加工产业竞争力的提升受到较大影响。同时，由于我国基础劳动力成本不断提高，企业可以获得的利润空间会进一步压缩，林业产业竞争力遭到不同程度的冲击。

一个国家要想全面可持续发展，必须重视生态环境的保护，因此林业的生态建设从国家安全的角度讲具有重要作用，维护生态环境对林业产业的生态建设也具有关键的指导作用。林业产业生态建设的内涵包括功能的持续增长、体制的合理、社会的和谐、资源的永续利用等方面。林业生态建设是实现林业可持续发展的基石和必然要求。林业系统内的产品与功能关系的协同、适应当地需求的林业工程项目的实施、法制制度保障体系和科研技术支撑体系的健全都会为林业产业可持续健康发展创造基础和条件。林业产业现代化建设的另一个战略是“建设林业生态体系”，其是林业生态体系建设进入新的历史阶段的主要标志。因此，通过实现环境—经济—社会的良性循环，物质、能源的可持续利用和环境、经济的可持续发展才会有保障[1][2][3]。

四、林业产业产业环境竞争力要素分析

外显因素中的产业环境竞争力对核心竞争力具有十分重要的作用，林业产业产业环境要素包括林业产业金融资本和林业产业制度环境两个方面。如图 3－8 所示。

---

❶ 郑镜明. 广东省林业生态建设现状及有关问题的探讨［J］. 中南林业调查规划，2004，23（2）：56－57.

❷ 王如松，林顺坤，欧阳志云. 海南省生态建设的理论与实践［M］. 北京：化学工业出版社，2004.

❸ 宋焱，徐颂军. 广东林业生态建设可持续发展研究［J］. 林业资源管理，2005（5）：11－15.

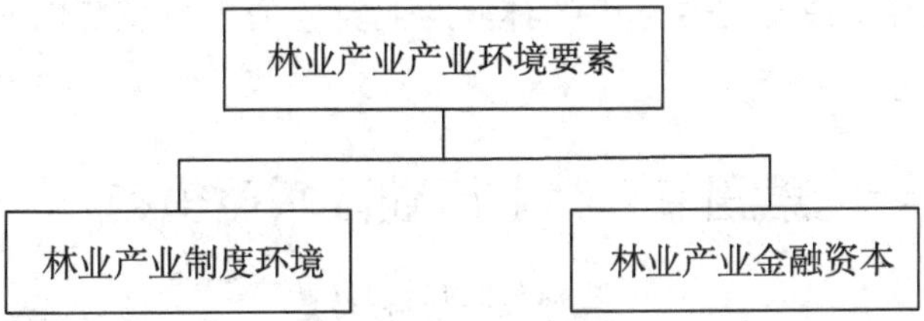

图3-8 林业产业产业环境竞争力构成要素

同时，制度因素也会对产业竞争力的主要要素产生影响，这一论断来源于世界经济论坛（WEF）的《世界竞争力报告》和瑞士国际管理学院（IMD）[1]。舒尔茨认为制度可以完善激励机制、人才引进模式，从多个层面推动经济的平稳发展。制度要素对一个地区相关产业的发展具有十分重要的影响，因此，制度因素作为林业产业区域竞争力的主要构成要素是衡量地区林业产业区域竞争力的重要方面。制度要素的内涵涉及黑龙江省林业产业的政策、法律、行政法规、规章、行政执法力度等内容。黑龙江省政府会在构建和完善林业产业发展的制度环境过程中起到主导性作用，应该提供公平的市场环境、维护市场秩序、合理配置林业资源，使各种林业产业的各个要素自由流动，进而达到提升黑龙江省林业产业全面发展的目标。

现阶段，虽然黑龙江省经济发展依靠消费推动，但在林业产业方面投资导向的特征仍然明显。黑龙江省林业产业发展仍然依靠劳动力与资本推动，其发展不仅需要一定的规模投资，还需要充足的人力资本，企业在拥有充足的资金后才能引入先进的生产流水线，从而提高企业的生产产能，最终取得竞争优势。所以，提高融资能力对提高黑龙江省林业产业竞争力至关

[1] Andrewsk. The Concept of Corporate Strategy [J]. Homewood, IL: Irwin, 1972: 18-46.

重要。因此融资能力是影响林业产业竞争力十分重要的一环❶❷。

第四节　林业产业区域竞争力理论模型构建

一、林业产业区域竞争力理论模型

在前文说明的四个模型指标的基础上，借鉴中国人民大学竞争力模型的思路，结合林业产业独有的特点，得出林业产业区域竞争力是由以下四个部分组成，分别是显性要素、核心要素、基础要素及产业环境要素，进而构建出林业产业区域竞争力的“四位一体”模型，如图3－9所示。

该模型填补了林业产业区域竞争力评价体系外显指标少的特点，并且引入了一些显性因素，同时对林业产业区域竞争力进行了进一步的补充。在此模型中，林业产业区域竞争力由显性要素、核心要素、基础要素及产业环境要素四个要素组成。其中，显性要素包括林业产业的盈利实力和整体实力；基础要素包括基础设施建设。这些要素对林业产业的发展至关重要，在它们的推动下，形成了林业产业软环境、长期持续发展和成长能力、创造增加值和市场占有率竞争力，最终形成了林业产业综合竞争力。

---

❶ 王庭秦. 福建三明林业产业竞争力评价研究［D］. 北京：北京林业大学，2013.

❷ 徐承红，武磊，冯尧. 资本结构、区域市场化程度与企业产品市场竞争力［J］. 宏观经济研究，2011（3）：68－71.

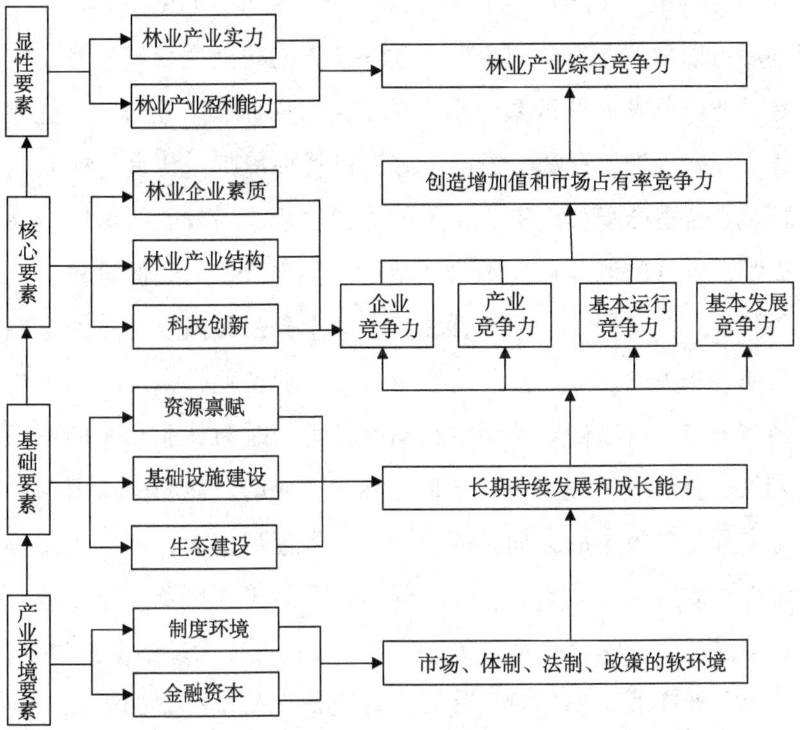

图3－9　林业产业区域竞争力“四位一体”模型

二、林业产业区域竞争力模型分析

本书提出的林业产业区域竞争力“四位一体”模型主要有以下四个方面的作用。

（一）产业环境

在林业产业的产业环境要素部分，制度环境是一个很主要的部分。制度环境是指由产业的行政要素和制度政策构成的企业管理系统。林业企业要想形成一个良好规范的经营环境，必须拥有良好的制度环境，它体现了人均财政收入、地方财政收入占 GDP 比重以及实际利用外商投资状况等方面的内容。制度环境可以为林业产业的企业提供一个充满机遇的发展平台，它是林业产业发展的重要前提。对黑龙江省林业产业而言，优化管理、合理配置资源、提供良好的市场环境都需要良好的制度环境，合适的配套政策、相关的法律法规、高效的执法队伍建设都是良好的制度环境不可或缺的重要部分，以此促进黑龙江省林业产业发展。黑龙江省林业产业十分依赖高效有序的金融支撑，相关的资金支持会给黑龙江省林业产业带来巨大的规模经济效应。所以，金融环境和制度环境同时为林业产业的不断发展造就了一个优良的软环境，林业产业的发展动向将由制度导向和金融资本的方向共同决定。在国家层面上，国家生态环境保护政策的有效实施、金融资本的不断投入以及国家政策对林业基础设施建设的大力支持，可以大幅度加大基础设施建设、提高林业产业生态环境的建设，进而推进基础要素的提高。同时林业产业基础要素的提高有利于调整林业产业组织结构、提高技术研发投入，以及提升林业产业的整体素质，从而有效提高林业产业的核心要素竞争力。林业产业核心要素竞争力的提高则可以降低林业产业的整体成本、优化组织机构、提高市场占有率，从而促进林业产业的快速发展，有利于外显要素的发展。

（二）基础要素

在基础要素方面，包括劳动力资源、森林公园面积、森林蓄积量及林业用地面积在内的资源禀赋是林业产业发展的基础。资源禀赋理论指出，各个地区的要素禀赋层面的不同会产生相对于要素的价格差异，进而造成产品价格和生产成本的差异。具体落实到林业产业而言，在林产品的生产过程中需要不断投入劳动力及物质资源等多种生产要素，低廉的劳动力以及充足的原材料资源成本可以大大降低我国林业产业在生产制造过程中的成本，从而大幅降低产品价格，在激烈的市场竞争中取得优势，进一步使林业产业具有更强的竞争力。

基础设施包括运输、物流等相关配套设施对黑龙江省林业产业中的第一产业具有极强的依赖性，产业的盈利能力与交通的方便程度息息相关，同时要想提高产业的生产效率及资源利用率，需要各种基础设施的良好运行，是林业产业健康运行的基本前提。生态建设不仅需要相关退耕还林还草、重点生态工程建设，还需要加大科技投入、提高资源利用效率、改革工艺流程、提升科技水平。这一措施对林业产业的循环经济、可持续发展起着至关重要的作用。这些基础要素的投入，例如环境制度建设、运输物流配套设施建设、金融体系支撑建设都是生态林业的必不可少的环节。黑龙江省林业产业想要永续发展，必须走可持续发展道路，必须加强科技投入，必须保证产业结构的合理有效。

（三）核心要素

核心要素方面，林业企业素质包括技术市场成交额、劳动生产率和企业从业人员比重等。黑龙江省林业企业外化的直观体现是企业文化❶，通过使企业文化与企业发展方向匹配、与员工风貌契合，可以加强企业内部凝聚力、向心力、团结性，可以激励员工让一切创造的源泉充分涌流；降低成本提高效率，加强企业间的联系与合作，加强产业间的联系与合作，促进交

❶ 张开云，叶为真．企业文化再认识——内涵、功能及与企业竞争力的关系［J］．技术经济与管理研究，2007（2）：117－118.

叉产业的相互借鉴相互融合，必须要提升黑龙江省林业企业的各方面素质；促进林业产业资源的优化配置，保证各项资源的合理供给，完善林业产业产业环境制度建设，加强配套基础设施和金融体系建设，促进黑龙江省林业产业结构优化升级，保证黑龙江省林业产业内部第一、第二、第三产业的合理配比，增强黑龙江省林业产业的整体实力[1]；黑龙江省林业产业中各个企业整体素质的提高、不断开创的资源禀赋、合理配置的产业结构，对提高黑龙江省林业产业的竞争力至关重要，对降低成本提升效率获得最大利润至关重要，对维护良好的黑龙江省林业企业的企业文化形成具有团结力向心力凝聚力的员工队伍至关重要，对提高运营能力和运营速度至关重要。科技水平、科研投入、技术人员占比对提升黑龙江省林业产业竞争力是最重要的一环，林业产业前沿理论研究、林业产业实用技术研究、林业产业工业流程优化、林业产业基础教育，这些因素直接决定了黑龙江省林业产业的科技创新能力；黑龙江省林业产业科研成果转化，将理论、技术转变为实际生产能力和企业利润的产业化能力，这些因素直接决定了黑龙江省林业产业的规模和竞争力[2]。只有加大 R&D 投入，加大科研投入和提高成果转化效率，才能促进黑龙江省林业产业的转型升级，实现黑龙江省林业产业的可持续发展。

（四）显性要素

在显性要素方面，黑龙江省林业产业实力的具体表现主要

---

❶ 刘莲玉，李雪梅. 产业结构优化与提升城市竞争力研究［J］. 求索，2007（10）：34－36.

❷ 陈玉娟. 知识溢出、科技创新与区域竞争力关系的统计研究［D］. 杭州：浙江工商大学，2013.

是主营业务收入和市场占有率，黑龙江省林业产业盈利能力通过各类相对指标体现，主要包括林业产值、林业产值在GDP中的比重以及利税等指标。黑龙江省林业产业实力决定了利润，在市场竞争中盈利能力的各项指标越高，体现了黑龙江省林业产业实力越强劲❶。黑龙江省林业产业的发展十分依赖资金推动，林业基础设施建设、林业产业结构调整升级、林业产业科技创新能力提升，都离不开对林业的投入，离不开完备的金融体系的支撑❷。林业产业科技水平是林业产业发展的又一支柱，林业产业科研成果、林业产业科研成果的产出转化为营业利润的能力，对林业产业的发展起着显著的作用❸。与此同时，林业产业竞争力的提高也与林业产业的制度环境、林业产业发展理念息息相关。

（五）其他

林业产业区域竞争力模型右侧的有关要素的作用是以法制、市场、体制环境及政策的软环境为前提，黑龙江省政府出台的法律、法规、规章以及文件可以为黑龙江省林业产业的发展提供良好的制度环境。黑龙江省政府为降低林业企业负担的减税政策，也会促使黑龙江省林业产业纳税金额相对减少，进而推进黑龙江省林业产业的持续发展；在经济环境方面，完备的融资体系建设有助于更好利用资本、扩大规模、产生规模效应，

---

❶ 金碚，李钢. 中国企业盈利能力与竞争力［J］. 中国工业经济，2007（11）：5－14.

❷ 许晶. 提升吉林省产业集群竞争力研究［J］. 经济纵横，2013（5）：77－80.

❸ 段世德，许建业，王靖. 科技创新与中国国际贸易竞争力互动研究［J］. 科技进步与对策，2009（13）：13－16.

从而提高林业企业的信用值，有利于为林业产业的长期健康发展营造更良好的环境。一方面，林业产业在发展过程中不断积累和完善基础设施、优化生态环境，这些都为林业产业的竞争力打下强大的物质根基；另一方面，不断优化的生态环境也为林业产业长期绿色、健康地可持续发展提供了保障，同时也有利于林业产业不断创新，提高林业产业的竞争力。在改良基础的运行环境后，林业产业将更加迅速地发展，就可以研发出更多有竞争力的产品，从而产生更大的竞争力去占有更多的市场资源，进而使林业产业获得更多的物质资源，占领更多的市场份额，降低产品的生产成本，优化林业产业的管理结构，创造更多有利润空间及高附加值的产品，这些都会转变为林业区域竞争力的提高，最后将提升林业产业整体竞争力。

第五节　本章小结

本书通过梳理和总结现有参考文献及研究成果，对企业的外在和内在竞争力要素逐步地进行深入的研究分析，并且结合现有林业产业的特点，建立林业产业区域竞争力“四位一体”模型，即林业产业外显竞争力—林业产业核心竞争力—林业产业基础竞争力—林业产业产业环境竞争力，以及各要素相互推动的作用关系，随后又进一步分析该模型构成要素间的相关关系。

第四章　黑龙江省林业产业竞争力评价指标体系构建

黑龙江省林业产业的竞争力总体状况的有效评价，需要依据林业产业特征对其竞争力进行分解和度量，从而建立相应的评价指标体系。本书基于现有相关研究成果，构建黑龙江省林业产业竞争力的初选评价指标体系，通过运用群组决策特征根法（GEM）筛选获得关键评价指标，并通过运用 Pearson 相关性检验法、变差系数法分别对评价指标的相关性和鉴别能力进行进一步筛选，最终建立黑龙江省林业产业竞争力评价指标体系。

第一节　黑龙江省林业产业竞争力评价指标体系设计

一、林业产业竞争力评价指标体系设计原则

对我国地方林业产业竞争力状况进行评价有助于明晰该地区林业产业竞争力的总体水平，发现地方林业产业竞争力发展

过程中的问题，从而有针对性地提供解决的方案与策略，指引竞争力快速提升。

评价及研究林业产业竞争力，需要遵循以下四点原则。

（一）客观性原则

为了使构建的评价指标体系能够客观真实地反应林业产业的竞争力水平，在进行评价指标体系构建的过程中必须严格遵守客观性原则。客观性原则不仅体现在指标选取过程中，还体现在评价过程中，这要求研究者在收集数据时以统计年鉴及企业年报数据为主，确保原始数据的可靠性与客观性，同时在评价方法选取上应符合逻辑严密和科学合理，从而确保评价过程的客观与准确。

（二）科学性原则

为了得到较为科学合理的林业产业竞争力评价指标，从而准确地评估地方林业产业竞争力，提升总体林业产业竞争力。为此，评价方法的选择上应依据指标体系的特点及原始数据的分布情况，选择科学合理的评价方法，提高评价结果的准确性和科学性。

（三）系统性原则

系统性原则要求研究者对林业产业竞争力状况进行全方位、多角度地观测。在对林业产业竞争力状况进行评价的过程中，做到既要考虑其静态竞争水平，又要考虑其动态竞争能力；既要对林业产业总体竞争力水平进行评价，又要对地方林业产业竞争力状况进行对比分析，从而从不同的角度对林业产业竞争力进行综合分析。

（四）实事求是原则

在对评价结果进行分析的过程中应遵循实事求是原则，即在对我国林业产业及地方林业产业竞争力水平及发展状况进行分析的过程中，应力求客观公正、实事求是，保证评价结果的真实性和完整性，切忌对评价结果进行随意修改和删除。

二、林业产业竞争力的评价指标体系设计框架

基于上一章构建的模型可知，区域林业产业竞争力主要体现在四个方面：产业环境竞争力、基础竞争力、核心竞争力和外显竞争力。因此，本章根据以上四个指标作为林业产业竞争力评价的二级指标建立我国林业产业区域竞争力评价指标体系的基本框架。

（一）一级指标

综合体现区域的林业产业竞争力的大体状况，代表林业产业竞争力具体的综合指标，体现区域林业产业发展的总体水平。

（二）二级指标

根据林业产业竞争力模型，对林业产业竞争力总体指标进行分解，具体包括四个二级指标：产业环境竞争力、基础竞争力、核心竞争力和外显竞争力。

（三）三级指标

三级指标是对二级指标的详细分解，比如把核心竞争力的二级指标进一步分解为：林业系统素质、林业产业结构、科技

创新基础等。

（四）四级指标

根据指标选取需要具有可比性、可获得性、可衡量性等特点选择合适的评价指标。此外，指标或者指标组在判断某个指标所指代的状态时，要求体现其数量和强度上的特征。

三、林业产业竞争力评价初选评价指标体系构建

学者对竞争力评价的研究源于20世纪80年代，评价指标主要以产品市场份额等经济性指标为主❶，在这之后，评价方法开始趋于多样化，评价指标类型也越来越丰富。例如，周星、付英从产业的素质、产业发展现状及趋势、产业发展中的环境制度因素以及产业国际化能力等方面对产业的竞争能力进行评价❷，谢章澍则提出通过分别评价产业内生和外生竞争力变量，从而形成对产业竞争力的综合评价，构建的指标体系共包含四个层级，有30个四级指标❸。李拓晨在评价高技术产业竞争力时，将其竞争力分解为竞争实力、竞争潜力和竞争环境三个维度，同时指标体系共包含四个层级，有27个四级指标❹。

---

❶ Baumol W J. Contestable Market：Uprising in the Theory of Industry Structure［J］. American Economic Review 1982：72.

❷ 周星，付英. 产业国际竞争力评价指标体系探究［J］. 科研管理，2000（3）：29－34，22.

❸ 谢章澍. 闽台高科技产业竞争力及其区域产业协同发展研究［D］. 福州：福州大学，2002.

❹ 李拓晨. 我国高新技术产业竞争力主要指标评析［J］. 中国科技财富，2010（1）：28－33.

在林业产业竞争力评价指标选取上，江泽慧（2000）[1]、胡申（2012）[2]、李冉（2013）[3] 和赵庆超（2014）[4] 等学者都提出了自己的看法，本书在现有研究的基础之上设置四个层次的指标体系，其中一级指标为黑龙江省林业产业竞争力，二级指标分别为外显竞争力、基础竞争力、核心竞争力和产业环境竞争力，并将林业产业实力和林业产业盈利能力作为评价外显竞争力的三级评价指标，林业系统素质、林业产业结构、科技创新基础作为核心竞争力的三级评价指标，基础设施建设、资源禀赋、生态建设作为基础竞争力的三级评价指标，制度环境、金融资本作为产业环境竞争力的三级评价指标，最后将林业产业市场占有率、产品销售收入、资金利用率等观测指标作为四级指标，综上建立的黑龙江省林业产业竞争力初选评价指标体系，见表 4 – 1。

表 4 – 1　黑龙江省林业产业竞争力初选评价指标体系

一级指标	二级指标	三级指标	四级指标
黑龙江省林业产业竞争力	外显竞争力	林业产业实力	林业产业市场占有率（X1）
			产品销售收入（X2）

[1] 江泽慧. 现代林业与西部生态环境建设 [J]. 西安交通大学学报（社会科学版），2000（4）：17 – 22.

[2] 胡申. 中国林业产业区域竞争力评价分析 [D]. 北京：北京林业大学，2012.

[3] 李冉. 中国林业产业体系评价与增长机制研究 [D]. 北京：北京林业大学，2013.

[4] 赵庆超. 中国各省区木材加工及木竹藤棕草制品产业竞争力研究 [D]. 北京：中国林业科学研究院，2014.

续表

一级指标	二级指标	三级指标	四级指标
黑龙江省林业产业竞争力	外显竞争力	林业产业盈利能力	林业总产值（*X*3）
			林业总产值占地方经济总产值比重（*X*4）
			资金利用率（*X*5）
			产值利税率（*X*6）
	核心竞争力	林业系统素质	劳动生产率（*X*7）
			企业从业人员比重（*X*8）
			林业系统在岗职工年平均工资（*X*9）
		林业产业结构	林业第二产业产值所占比重（*X*10）
			林业第三产业产值所占比重（*X*11）
		科技创新基础	基层林业站数量（*X*12）
			教育经费投入（*X*13）
			林业高等学校普通本、专科学生毕业人数（*X*14）
	基础竞争力	基础设施建设	铁路网密度（*X*15）
			公路网密度（*X*16）
			GDP 占全国比重（*X*17）
		资源禀赋	森林蓄积量（*X*18）
			森林面积（*X*19）

续表

一级指标	二级指标	三级指标	四级指标
黑龙江省林业产业竞争力	基础竞争力	资源禀赋	林业用地面积（X20）
			森林覆盖率（X21）
		生态建设	各地区林业重点生态工程造林面积（X22）
			各地区林业系统自然保护区面积（X23）
			森林公园面积（X24）
	产业环境竞争力	制度环境	地方财政收入占 *GDP* 的比重（X25）
			人均财政支出（X26）
			林业国家投资（X27）
		金融资本	林业固定资产（X28）
			林业实际利用外商投资（X29）
			营林固定资产（X30）

第二节　黑龙江省林业产业竞争力关键评价指标识别

一、基于群组决策特征根法的关键性评价指标筛选

（一）群组决策特征根法的应用原理简述

最初，群组决策的含义是指由多位专家构成的专家系统，

能够分别评估被评估对象，再对其进行求均值步骤的一个过程。该方法操作简便、快速，但也存在一定不足，仅简单地将参与评价的各位专家进行同等化处理，视为相同的权重，严重忽略了权重这一影响因素，这是违背常理的❶。因而经过群组决策思想长期的发展与演变，该方法（GEM）也逐渐成了最符合现实规律的决策途径之一。现如今，由于参与评价的各位专家所占权重各异，因而需求出评估结果的加权平均数后得出最终结论。

（1）理想专家模型

理想专家指的是在其对评估对象进行评估后，得出的评估结果近似于真实情况的专家，该方法的第一步也是基础性的一步就是要找到所谓的理想专家 S_*。具体方法是通过寻找专家向量与评分向量（S_1，S_2，…，S_m）间的最小夹角来界定。即选取由 m 位专家构成的专家组 G 对 n 个被评估对象分别进行评价（A_1，A_2，…，A_n），第 i 位专家 S_i 对第 j 个被评对象 A_j 的评分结果记为 $x_{ij}(i=1,2,\cdots,m;j=1,2,\cdots,n)$。$x_{ij}$的数值与被评对象 A_j 呈正相关。特别地，专家 S_i 的评分结果为一个 n 维列向量 x_i；进而专家组 G 的评分结果为一个 $m\times n$ 阶的矩阵 x。❷

$$x_i=(x_{i1},x_{i2},\cdots,x_{in})^T\in E^n \tag{4-1}$$

❶ Olman Segura - Bonilla. Competitiveness, Systems of Innovation and the Learning Economy: the Forest Sector in Costa Rica [J]. Forest Policy and Economics, 2003, 54: 116 - 128.

❷ Georges Kunstler, Sébastien Lavergna, Benoît Courbaud, et al. Competitive Interactions between Forest Trees are Driven by Species' trait Hierarchy, not Phylogenetic or Functional Similarity: Implications for Forest Community Assembly [J]. Ecol Lett, 2012 (158).

$$x = (x_{ij})_{m\times n} = \begin{pmatrix} x_{11} & \cdots & x_{1n} \\ \vdots & \vdots & \vdots \\ x_{m1} & \cdots & x_{mn} \end{pmatrix} \qquad (4-2)$$

专家们的经验是否丰富、知识结构和专业水平程度如何，甚至在评价过程中的身体状态都是决策结果的重要影响因素。所以，绝对合乎情理的决策过程并不存在于现实之中。因此，一般情况下都会人为地假设存在一位理想专家 S_*，其对评估对象做出的评价结果是最为公正客观的，且其具备评价对象的知识，他的评分向量为 $x^* = (x_1^*, x_2^*, \cdots, x_n^*)^T \in E^n$。

利用公式 $f = \sum_{i=1}^{m}(b^T x_i)^2$，其中 $\forall b = (b_1, b_2, \cdots, b_n) \in E^n$，且通常可令 $\|b\| = 1$，即

$$\max_{\substack{b\in E^n \\ \|b\|_2=1}} \sum_{i=1}^{m}(b^T x_i)^2 = \sum_{i=1}^{m}(X_*^T x_t)^2 \qquad (4-3)$$

这里的 x^* 指的是决策系统 G 对被评价对象的总的评分结果。

（2）相关定理引入

引理：假定 $Q \geqslant 0$ 阶实矩阵 Q 为不可约束矩阵，因而矩阵 Q 存在即为最大正特征根，又为单根的 $\rho_{\max}$，且其所对应的特征向量均为正分量组成，所有特征向量两两间相差一个比例因子。

特别地，由评分矩阵 x 所组成的方矩阵 $F = x^T x$ 完全符合上述限定条件。通过下面三条定理可以发现，得出的 x_* 就是引理中 $\rho_{\max}$ 对应的非负特征向量。

定理1：$\forall b \in E^n, \max_{b\in E^n} \sum_{i=1}^{m}(b^T x_i)^2 = \rho_{\max}$，式中 $\rho_{\max}$ 为矩阵最大特征根；x_* 为 $\rho_{\max}$ 对应 $x^T x$ 的正特征向量，其中 $\|x_*\|_2 = 1$。

定理2：假定 A 为一个 $m \times n$ 阶的矩阵，B 为一个 $n \times m$ 阶的矩阵，则 AB 与 BA 之间有相同的非零特征值。

定理3：令 $x^T x$ 的最大特征值所对应的特征向量为 a_0，同时 $\| a_0 \| = 1$，那么有 $x^T a_0 = Kx_*$，即 a_0 表示的是 m 位专家的权重向量。

（3）详细计算过程简述

第一步，由决策系统 G 中的 m 位专家对 n 名被评对象进行打分后构成的 $m \times n$ 阶的矩阵 x 如下：

$$x = (x_{ij})_{m \times n} = \begin{pmatrix} x_{11} & \cdots & x_{1n} \\ \vdots & \vdots & \vdots \\ x_{m1} & \cdots & x_{mn} \end{pmatrix} \quad (4-4)$$

其中 $x_{ij}(i = 1,2,\cdots,m;\ j = 1,2,\cdots,n)$ 指的是第 i 位专家 S_i 对第 j 名被评对象 A_j 的评分结果。

第二步，求出 x 的转置矩阵 x^T，并将其与自身相乘得到矩阵 F，$F = x^T x$。

第三步，求出 F 的最大特征根 $\rho_{\max}$ 所对应的特征向量 W，并将其单位化处理，得出最终评价指标的权重向量。

由于具有精确度为 ε 的约束条件，因而利用幂法（数值代数）能够快速得出理想专家 S_* 的评分向量 x^*。详细步骤如下：

① 令 $k = 0$，$y_0 = \left(\frac{1}{n}, \frac{1}{n}, \cdots, \frac{1}{n}\right)^T \in E^n$，$y_1 = F \times y_0$，$z_1 = \frac{y_1}{\| y_1 \|_2}$；

② 命 $k = 1,2,\cdots$；$y_{k+1} = Fz_k$，$z_{k+1} = \frac{y_{k+1}}{\| y_{k+1} \|_2}$；

③ 用 $| z_{k \to k+1} |$ 表示 z_k 和 z_{k+1} 对应分量差之间的最大绝对值，进而比较 $| z_{k \to k+1} |$ 的结果与 z 的关系，若小于 ε，则 z_{k+1} 为得出的 x_*；否则回到上一步重新进行迭代。

（4）单、重根的处理

如果最大特征根为单根，则其特征向量即为最优解；如果为重根，则需要求解其特征向量空间，且特征向量空间所对应的被评对象重要性一致，即为同等权重。其余的被评对象则需要根据次大特征根对应的特征向量进行排序❶。

（二）林业产业核心竞争力评价指标体系筛选

首先，本书针对林业产业竞争力研究，建立由进行过相关研究的15位专家组成专家组；其次，在黑龙江省林业产业企业、科研院所以及高校，通过调查问卷以及现场访谈等方式获得专家对黑龙江省林业产业竞争力的评价意见。

在专家正式给出评价意见之前，我们对林业产业的相关内涵、竞争力评价二级指标等做出了详细说明，使专家明确本次调查对评价对象以及本次调查的目的与意义。为了对林业企业竞争能力有一个较为准确的评价，共设置5个评分等级，见表4-2。

表4-2 专家意见评分等级

重要程度	非常不重要	不重要	重要	很重要	非常重要
评分	1	2	3	4	5

第一步，在收集到各位专家对评价对象的打分后，我们依据专家的打分情况形成区域林业产业竞争力——核心竞争力的专家评分情况，见表4-3。

❶ 邱菀华．群组决策特征根法［J］．应用数学和力学，1997（11）：1027-1031.

表 4－3　林业产业核心竞争力专家评分情况

指标 专家	$X7$	$X8$	$X9$	$X10$	$X11$	$X12$	$X13$	$X14$
S1	2	3	5	5	4	5	5	1
S2	1	3	5	5	4	5	5	2
S3	2	4	4	4	3	4	5	1
S4	2	3	4	4	3	4	5	1
S5	2	3	4	3	4	3	5	1
S6	1	4	3	3	4	3	5	2
S7	1	2	5	4	3	4	3	1
S8	1	3	4	4	3	4	4	1
S9	1	4	3	3	4	4	4	2
S10	1	3	4	4	4	5	5	1
S11	1	4	4	3	3	5	4	1
S12	1	4	5	5	3	5	5	1
S13	1	3	4	4	3	4	4	1
S14	2	4	5	3	4	3	4	1
S15	1	5	4	4	3	4	3	2

第二步，通过 Matlab 软件求出打分矩阵 X 的转置矩阵 X^T，并计算 $F=X^TX$，结果如下：

$$F = X^T X = \begin{bmatrix} 30 & 69 & 85 & 77 & 70 & 81 & 90 & 24 \\ 69 & 188 & 216 & 199 & 180 & 214 & 228 & 68 \\ 85 & 216 & 271 & 248 & 218 & 263 & 277 & 78 \\ 77 & 199 & 248 & 232 & 200 & 245 & 257 & 73 \\ 70 & 180 & 218 & 200 & 184 & 214 & 231 & 67 \\ 81 & 214 & 263 & 245 & 214 & 265 & 274 & 78 \\ 90 & 228 & 277 & 257 & 231 & 274 & 298 & 83 \\ 24 & 68 & 78 & 73 & 67 & 78 & 83 & 27 \end{bmatrix} \quad (4-5)$$

第三步，求出 F 的最大特征根及其特征向量，通过计算求得 $\rho_{\max} = 1.4569$，特征向量为：

$$W = [0.1354 \quad 0.3507 \quad 0.4277 \quad 0.3956 \quad 0.3515 \quad 0.4221 \quad 0.4485 \quad 0.1280] \quad (4-6)$$

对式（4-6）进行标准化处理后得：

$$\omega = [0.0509 \quad 0.1319 \quad 0.1608 \quad 0.1488 \quad 0.1322 \quad 0.1587 \quad 0.1686 \quad 0.0481] \quad (4-7)$$

根据研究需要，我们需要筛除标准化处理后权重小于0.1的指标，保留权重大于0.1的指标，最终得到评估林业系统素质的四级指标为企业从业人员比例（X8）、林业系统在岗职工年平均工资（X9）；评估林业产业结构的四级评价指标为林业第二产业所占比重（X10）、林业第三产业产值所占比重（X11）；评估科技创新基础的四级指标为基层林业站数量（X12）、教育经费投入（X13）。同理，我们对外显竞争力、基础竞争力、产业环境竞争力下属的初选指标进行筛选。

（三）林业产业外显竞争力评价指标体系筛选

本书根据群组决策特征根法（GEM）对外显竞争力的三级指标进行初步筛选，调查及访问了15位专家学者，得到外显竞争力的专家评分，见表4-4。

表4-4 林业产业外显竞争力专家评分情况

指标 专家	$X1$	$X2$	$X3$	$X4$	$X5$	$X6$
S1	4	3	5	5	2	2
S2	3	3	5	4	2	1
S3	5	4	4	4	3	2
S4	4	3	4	4	2	2
S5	4	3	4	5	2	3
S6	3	4	3	5	2	1
S7	4	5	3	4	2	2
S8	5	3	4	4	3	3
S9	5	4	3	3	1	2
S10	4	3	4	4	2	3
S11	3	4	4	3	2	2
S12	4	4	5	5	2	3
S13	3	3	4	4	3	2
S14	5	4	5	3	2	1
S15	4	5	4	4	1	2

运用 Matlab 计算打分矩阵得：

$$F = X^T X = \begin{bmatrix} 248 & 221 & 244 & 242 & 124 & 126 \\ 221 & 209 & 221 & 222 & 111 & 112 \\ 244 & 221 & 255 & 249 & 127 & 126 \\ 242 & 222 & 249 & 255 & 127 & 128 \\ 124 & 111 & 127 & 127 & 69 & 65 \\ 126 & 112 & 126 & 128 & 65 & 75 \end{bmatrix} \quad (4-8)$$

求出 F 的最大特征根及其特征向量，通过计算求得 $\rho_{max} = 1.0717$，特征向量为：

$$W = [0.4755 \quad 0.4331 \quad 0.4825 \quad 0.4824 \quad 0.2449 \quad 0.2467] \quad (4-9)$$

对式（4－9）进行标准化处理后得：

$$\omega = [0.2010 \quad 0.1831 \quad 0.2040 \quad 0.2040 \quad 0.1036 \quad 0.1043] \quad (4-10)$$

根据研究需要，我们需要筛除标准化处理后权重小于 0.15 的指标，保留权重大于 0.15 的指标，最终得到评估林业产业实力的四级指标为林业产业市场占有率（X1）、产品销售收入（X2）；评估林业产业盈利能力的四级评价指标为林业总产值（X3）、林业总产值占地方经济总产值比重（X4）。

（四）林业产业基础竞争力评价指标体系筛选

本书根据群组决策特征根法（GEM）对林业产业基础竞争力的三级指标进行初步选取，通过对 15 名专家及学者的调查与走访，得出林业产业基础竞争力的专家评分，见表4－5。

表4－5　林业产业基础竞争力专家评分情况

专家＼指标	X15	X16	X17	X18	X19	X20	X21	X22	X23	X24
S1	4	1	5	5	2	4	5	4	4	2
S2	3	2	5	4	2	4	4	3	4	4
S3	5	2	4	4	1	3	3	5	3	5
S4	4	1	4	4	2	4	4	4	4	4
S5	4	2	4	5	2	5	5	4	5	3
S6	3	1	3	5	2	4	4	5	2	4
S7	4	2	3	4	2	3	3	3	4	5
S8	5	3	4	4	3	5	4	5	5	4
S9	5	2	3	3	1	4	5	4	3	3
S10	4	1	4	4	2	4	4	5	3	4
S11	3	2	4	3	2	5	5	3	4	5
S12	4	1	5	5	2	4	5	5	5	4
S13	3	2	4	4	3	3	4	4	4	4
S14	5	2	5	3	2	4	3	4	3	4
S15	4	1	4	4	1	5	5	3	4	3

运用Matlab计算打分矩阵得：

$$F = X^T X = \begin{bmatrix} 248 & 102 & 244 & 242 & 114 & 244 & 250 & 247 & 228 & 231 \\ 102 & 47 & 101 & 99 & 50 & 102 & 103 & 101 & 97 & 99 \\ 244 & 101 & 255 & 249 & 119 & 249 & 257 & 248 & 235 & 234 \\ 242 & 99 & 249 & 255 & 119 & 248 & 258 & 251 & 234 & 233 \\ 114 & 50 & 119 & 119 & 61 & 118 & 121 & 119 & 113 & 113 \\ 244 & 102 & 249 & 248 & 118 & 255 & 261 & 247 & 235 & 233 \\ 250 & 103 & 257 & 258 & 121 & 261 & 273 & 255 & 243 & 238 \\ 247 & 101 & 248 & 251 & 119 & 247 & 255 & 257 & 230 & 236 \\ 228 & 97 & 235 & 234 & 113 & 235 & 243 & 230 & 227 & 219 \\ 231 & 99 & 234 & 233 & 113 & 233 & 238 & 236 & 219 & 234 \end{bmatrix} \quad (4-11)$$

求出 F 的最大特征根及其特征向量，通过计算求得 $\rho_{\max} = 2.0451$，特征向量为：

$$W = [0.3427 \quad 0.1430 \quad 0.3493 \quad 0.3491 \quad 0.1664 \quad 0.3495 \quad 0.3605 \quad 0.3494 \quad 0.3283 \quad 0.3295] \quad (4-12)$$

对式（4－12）进行标准化处理后得：

$$\omega = [0.1117 \quad 0.0466 \quad 0.1139 \quad 0.1138 \quad 0.0542 \quad 0.1139 \quad 0.1175 \quad 0.1139 \quad 0.1070 \quad 0.1074] \quad (4-13)$$

根据研究需要，我们需要筛除标准化处理后权重小于0.1的指标，保留权重大于0.1的指标，最终得到评估的基础设施建设四级指标为铁路网密度（公里）（X15）、GDP 占全国比重（X17）；评估资源禀赋的四级评价指标为森林蓄积量（X18）、林业用地面积（X20）和森林覆盖率（X21）。评估生态建设的四级评价指标为各地区林业重点生态工程造林面积（X22）、各地区林业系统自然保护区面积（X23）和森林公园面积（X24）。

（五）林业产业产业环境竞争力评价指标体系筛选

本书依据 GEM 法对林业产业基础竞争力的三级指标进行初步筛选，通过对 15 名专家及学者的调查与走访，得出林业产业基础竞争力的专家评分，见表 4－6。

表 4－6　林业产业产业环境竞争力专家评分情况

专家＼指标	X25	X26	X27	X28	X29	X30
S1	4	1	5	5	2	2
S2	3	2	5	4	2	3
S3	5	1	4	4	2	2
S4	4	3	4	4	2	2
S5	4	2	4	5	2	3
S6	3	2	3	5	2	1
S7	4	2	3	4	2	2
S8	5	3	4	4	1	1
S9	5	2	3	3	1	2
S10	4	1	4	4	2	3
S11	3	2	4	3	2	2
S12	4	2	5	5	2	3
S13	3	3	4	4	3	2

续表

专家＼指标	$X25$	$X26$	$X27$	$X28$	$X29$	$X30$
S14	5	2	5	3	2	1
S15	4	1	4	4	1	2

运用 Matlab 计算打分矩阵得：

$$F = X^T X = \begin{bmatrix} 248 & 115 & 244 & 242 & 109 & 122 \\ 115 & 63 & 117 & 117 & 55 & 58 \\ 244 & 117 & 255 & 249 & 115 & 128 \\ 242 & 117 & 249 & 255 & 115 & 128 \\ 109 & 55 & 115 & 115 & 56 & 59 \\ 122 & 58 & 128 & 128 & 59 & 71 \end{bmatrix} \quad (4-14)$$

计算 F 的最大特征根及其对应的特征向量，根据计算结果可知，最大特征根为 $\rho_{\max} = 0.914$，对应的特征向量为：

$$W = [0.5122 \quad 0.2467 \quad 0.5242 \quad 0.5230 \quad 0.2394 \quad 0.2667] \quad (4-15)$$

对式（4－15）进行标准化处理后得：

$$\omega = [0.2215 \quad 0.1067 \quad 0.2267 \quad 0.2262 \quad 0.1035 \quad 0.1153] \quad (4-16)$$

根据研究需要，我们需要筛除标准化处理后权重小于 0.2 的指标，保留权重大于 0.2 的指标，最终得到评估产业环境竞争力的四级指标，分别为地方财政收入占 GDP 的比重（$X25$）、林业国家投资（$X27$）；金融资本评估的四级指标为林业产业固定投资额（$X28$）。

二、基于 Pearson 法的评价指标相关性筛选

（一）Pearson 法原理及计算过程

选取 GEM 法初步筛选林业产业竞争力评价指标，保留下来的指标一般会存在一定的相关性。指标的相关性越高，证明信息的重复越高，就会导致评价指标缺乏科学性。为此在对初选评价指标体系进行筛选之后往往需要对保留的指标进行相关性分析，即计算各个指标之间的相关系数，并删去相关系数较大的评价指标，从而排除所保留的评价指标中含有过多重复信息[1]。其具体计算步骤如下：

首先，需要对指标数据进行无量纲化处理，从而消除指标单位不同导致的误差。假设评价指标的均值和标准差分别为 $\bar{y}$ 和 S，则无量纲化的计算公式为：

$$X_i = (y_i - \bar{y})/S \tag{4-17}$$

其次，根据相关系数的公式计算相关系数 T 的计算：

$$T = \frac{\Sigma(X - \bar{X})(Y - \bar{Y})}{\sqrt{\Sigma(X - \bar{X})^2 \times \Sigma(Y - \bar{Y})^2}} \tag{4-18}$$

最后设定相关性阈值 M，若是计算得到相关性系数大于 M，则说明指标之间的相关性较大，需要删掉其中的一个指标；相反，若是相关系数值小于 M，则予以保留。除此之外，为了将非线性相关这一因素考虑在内，考虑以同时设定的上下限来代

[1] 尹卫兵. 基于 RDAP 四阶段模型的新产品速度营销动态能力实证研究[D]. 上海：同济大学，2009.

替单一的阈值，只有当相关系数在上下限范围之内的指标才会被保留。应用上下限的方式需要考虑指标数据数量（n）和显著性水平（p）❶。本书以0.75为临界值，将收集到的数据在SPSS中进行Pearson相关性分析。

（二）林业产业核心竞争力评价指标的相关性筛选

采用Pearson法对黑龙江省林业产业核心竞争力进行分析，利用SPSS将上述林业产业核心竞争力评价指标体系筛选后的指标数值进行计算，求出Pearson系数，见表4-7。

表4-7 黑龙江省林业产业核心竞争力评价指标相关性分析

指标	*X8*	*X9*	*X10*	*X11*	*X12*	*X13*
X8	1					
X9	0.407	1				
X10	-0.144	0.224	1			
X11	0.149	-0.163	-0.036	1		
X12	0.008	-0.534	-0.004	0.396	1	
X13	-0.280	-0.174	0.412	0.176	0.434	1

通过对黑龙江省林业产业外显竞争力评价指标数据进行相关性分析后可知，利用群组决策特征根法初步筛选之后保留的指标之间的相关系数绝对值均在0.75以下，表明所保留的指标

❶ 薛庞娟．顾客保留策略与企业绩效的关系研究［D］．郑州：河南工业大学，2010.

之间不存在较大的相关性，可以正常使用。同理，我们也对外显竞争力、基础竞争力、产业环境竞争力初筛后的指标进行相关性的检验。

（三）林业产业外显竞争力评价指标的相关性筛选

采用 Pearson 法对黑龙江省林业产业外显竞争力进行分析，利用 SPSS 将上述林业产业外显竞争力评价指标体系筛选后的指标数值进行计算，求出 Pearson 系数，见表 4－8。

表 4－8 黑龙江省林业产业外显竞争力评价指标相关性分析

指标	*X*1	*X*2	*X*3	*X*4
*X*1	1			
*X*2	0.131	1		
*X*3	0	－0.374	1	
*X*4	－0.269	－0.234	0.135	1

通过对黑龙江省林业产业外显竞争力评价指标数据进行相关性分析后可知，利用群组决策特征根法初步筛选之后保留的指标之间的相关系数绝对值均在 0.75 以下，表明所保留的指标之间不存在较大的相关性，可以正常使用。

（四）林业产业基础竞争力评价指标的相关性筛选

采用 Pearson 法对黑龙江省林业产业基础竞争力进行分析，利用 SPSS 将上述林业产业基础竞争力评价指标体系筛选后的指标数值进行计算，求出 Pearson 系数，见表 4－9。

表 4-9　黑龙江省林业产业基础竞争力评价指标相关性分析

指标	X15	X17	X18	X20	X21	X22	X23	X24
X15	1							
X17	0	1						
X18	-0.269	0.135	1					
X20	0	0.135	-0.01	1				
X21	-0.244	0.105	0.236	0.629	1			
X22	0.355	-0.008	0.373	-0.136	-0.139	1		
X23	0	0.377	0.259	0.377	0.385	-0.187	1	
X24	-0.113	-0.227	-0.349	-0.349	-0.619	0.014	-0.139	1

通过对黑龙江省林业产业基础竞争力评价指标数据进行相关性分析后可知，利用群组决策特征根法初步筛选之后保留的指标之间的相关系数绝对值均在 0.75 以下，表明所保留的指标之间不存在较大的相关性，可以正常使用。

(五) 林业产业产业环境竞争力评价指标的相关性筛选

采用 Pearson 法对黑龙江省林业产业产业环境竞争力进行分析，利用 SPSS 将上述林业产业产业环境竞争力评价指标体系筛选后的指标数值进行计算，求出 Pearson 系数，见表 4-10。

表4-10 黑龙江省林业产业产业环境竞争力评价指标相关性分析

指标	X25	X27	X28
X25	1		
X27	0	1	
X28	-0.269	0.135	1

通过对黑龙江省林业产业产业环境竞争力评价指标数据进行相关性分析后可知，利用群组决策特征根法初步筛选之后保留的指标之间的相关系数绝对值均在0.75以下，表明所保留的指标之间不存在较大的相关性，可以正常使用。

三、基于变差系数法的评价指标鉴别能力筛选

评价指标的鉴别能力体现在其能否反映指标间的差异性。地区林业竞争力指标鉴别能力的高低直接影响各维度竞争力水平的划分，因此，不仅要对评价指标进行关键性和相关性分析，还要对指标鉴别能力加以分析，以提高指标的科学性。对指标进行鉴别能力分析通常采用变差系数法[1][2]，表达式如下：

$$U_i = \frac{S_i}{\bar{y}_i} \tag{4-19}$$

该式中，$\bar{y}_i = \frac{1}{n}\sum_{i=1}^{n} y_i$ 的含义为第 i 个指标评价结果的平均

---

[1] 魏云杰，张圣银. 基于群组决策特征根法的农业机械化发展水平评价[J]. 内蒙古科技与经济，2008（10）：13-14.

[2] 刘有军，周和平，晏克非. 基于熵权群组决策的停车设施规划方法[J]. 系统工程，2007（2）：49-53.

值，$S_i = \sqrt{\frac{1}{n}\sum_{i=1}^{n}(y_i - \bar{y}_i)^2}$ 的含义为第 i 个指标评价结果的标准差。

本书的指标由专家打分获得，若是计算得到的变差系数越大，说明此时专家们对该指标存在较大的差异；反之，变差系数较小，说明专家意见较为统一。本书将较大变差系数的指标删除，从而保留较小变差系数的指标，因此具有较好的鉴别能力。

（一）林业产业核心竞争力评价指标的鉴别能力筛选

基于鉴别能力计算方式和实际情况的考量，本书选取 SPSS 软件对核心竞争力这一评价指标进行鉴别能力分析，见表 4－11。

表 4－11　林业产业核心竞争力评价指标鉴别能力分析

指标	得分均值	得分标准差	变差系数
*X*8	3.467	0.718	0.207
*X*9	4.200	0.653	0.156
*X*10	3.867	0.718	0.186
*X*11	3.467	0.499	0.144
*X*12	4.133	0.718	0.174
*X*13	4.400	0.712	0.162

根据表 4－11 可知，专家打分的变差系数较小，当前的林业产业核心竞争力评价指标具有较好的鉴别能力。同时，本书也利用该方法将外显竞争力、基础竞争力及产业环境竞争力等指

标的鉴别能力进行分析。

（二）林业产业外显竞争力评价指标的鉴别能力筛选

采用变差系数法对黑龙江省林业产业外显竞争力评价指标进行鉴别力判定，并通过 SPSS 将各个指标评分结果的平均值、标准差及变差系数进行计算，计算结果见表 4－12。

表 4－12 林业产业外显竞争力评价指标鉴别能力分析

指标	得分均值	得分标准差	变差系数
*X*1	4	0. 756	0. 189
*X*2	3. 667	0. 724	0. 197
*X*3	4. 067	0. 704	0. 173
*X*4	4. 067	0. 704	0. 173

根据表 4－12 可知，专家打分的变差系数较小，当前的林业产业外显竞争力评价指标具有较好的鉴别能力。

（三）林业产业基础竞争力评价指标的鉴别能力筛选

采用变差系数法对黑龙江省林业产业基础竞争力评价指标进行鉴别力判定，并通过 SPSS 将各个指标评分结果的平均值、标准差及变差系数进行计算，计算结果见表 4－13。

表 4－13 林业产业基础竞争力评价指标鉴别能力分析

指标	得分均值	得分标准差	变差系数
*X*15	4	0. 756	0. 189

续表

指标	得分均值	得分标准差	变差系数
*X*17	4.067	0.704	0.173
*X*18	4.067	0.704	0.173
*X*20	4.067	0.704	0.173
*X*21	4.2	0.775	0.185
*X*22	4.067	0.799	0.196
*X*23	3.8	0.862	0.223
*X*24	3.867	0.834	0.326

根据表4－13可知，专家打分的变差系数较小，当前的林业产业基础竞争力评价指标具有较好的鉴别能力。

（四）林业产业产业环境竞争力评价指标的鉴别能力筛选

采用变差系数法对黑龙江省林业产业产业环境竞争力评价指标进行鉴别力判定，并通过SPSS将各个指标评分结果的平均值、标准差及变差系数进行计算，计算结果见表4－14。

表4－14　林业产业产业环境竞争力评价指标鉴别能力分析

指标	得分均值	得分标准差	变差系数
*X*25	4	0.756	0.189
*X*27	4.067	0.704	0.173
*X*28	4.067	0.704	0.173

根据表4－14可知，专家打分的变差系数较小，当前黑龙江

省林业产业产业环境竞争力这一指标的鉴别能力良好。

第三节　黑龙江省林业产业竞争力评价指标体系及指标解释

一、林业产业竞争力评价指标筛选结果

通过上述步骤对评价指标的选取，我们保留了强鉴别能力、强关键性及弱相关性的指标，最终得到林业产业竞争力评价指标体系，见表4－15。

表4－15　林业产业竞争力评价指标体系

一级指标	二级指标	三级指标	四级指标
黑龙江省林业产业竞争力	外显竞争力	林业产业实力	林业产业市场占有率（X1）
			产品销售收入（X2）
		林业产业盈利能力	林业总产值（X3）
			林业总产值占地方经济总产值比重（X4）
	核心竞争力	林业系统素质	企业从业人员比重（X8）
			林业系统在岗职工年平均工资（X9）
		林业产业结构	林业第二产业产值所占比重（X10）
			林业第三产业产值所占比重（X11）

续表

一级指标	二级指标	三级指标	四级指标
黑龙江省林业产业竞争力	核心竞争力	科技创新基础	基层林业站数量（*X*12）
			教育经费投入（*X*13）
	基础竞争力	基础设施建设	铁路网密度（*X*15）
			GDP 占全国比重（*X*17）
		资源禀赋	森林蓄积量（*X*18）
			林业用地面积（*X*20）
			森林覆盖率（*X*21）
		生态建设	各地区林业重点生态工程造林面积（*X*22）
			各地区林业系统自然保护区面积（*X*23）
			森林公园面积（*X*24）
	产业环境竞争力	制度环境	地方财政收入占 *GDP* 的比重（*X*25）
			林业国家投资（*X*27）
		金融资本	林业固定资产（*X*28）

二、林业产业竞争力部分评价指标解释

（一）外显竞争力

外显竞争力下附属两个三级指标，分别为林业产业实力和产业盈利能力。

（1）林业产业实力

林业产业实力可依据林业产业市场占有率以及林业产品销售收入两个指标来表达。前者指的是地方林业产业占市场份额的多少，也是体现区域林业产业市场扩张能力的重要指标，区域林业产业市场占有率＝区域林业产业产品销售收入/全国林业产业产品销售收入。后者体现了区域产业产品的销售能力和创收能力。

（2）林业产业盈利能力

林业产业盈利能力可依据林业产业总产值及其与地方经济总产值的比两个指标来度量。其中，林业总产值反映区域林业产业的总体盈利水平。林业总产值与地方经济总产值比重指标可以体现区域林业产业给地方经济发展带来的贡献，体现林业产业的重要性。

以上指标都直接反映了林业产业获取市场资本、创造利润和进行市场扩张的能力，能较好地反应区域林业产业的竞争力。

（二）核心竞争力

核心竞争力下附属三个三级指标，分别为林业系统素质、林业产业结构及科技创新基础。

（1）林业系统素质

林业系统素质可依据林业企业从业人员比重和林业系统在岗职工年平均工资两个指标来度量。前者指的是林业企业人员占产业总人数的比例，该指标在一定程度上反映林业产业高素质人才的比重。林业系统在岗职工年平均工资指的是林业产业在岗员工的平均工资，它是林业产业在市场上竞争力的主要体现。

（2）林业产业结构

林业产业结构可依据林业第二产业产值所占比重和林业第三产业产值所占比重两个指标来度量。前者主要展示林业产业对增加价值链上关键节点价值创造的能力，该指标能较为直接地体现出区域林业产业的竞争能力。后者指的是地方林业第三产业产值在该地林业总产值中所占比例，该指标能较好地反映区域林业产业是否能够拉动第一、第二产业的发展，进一步释放林业三个产业的发展能力，从而体现区域林业产业竞争能力。

（3）科技创新基础

科技创新基础可依据基层林业站数量和教育经费投入两个指标来度量。其中基层林业站数量能够较好地反映区域林业产业科技创新能力，能够反映林改工程的顺利进行。教育经费投入指标可以反映区域林业产业储备人才培养情况，从而能有效提高区域林业产业可持续竞争能力。

以上指标对区域林业产业未来发展状态及竞争力可以起到预测的效用。

（三）基础竞争力

基础竞争力下附属三个三级指标，分别为基础设施建设、资源禀赋和生态建设。

（1）基础设施建设

基础设施建设可依据铁路网密度、GDP 占全国比重两个指标来度量。铁路网密度是指每百平方公里内的铁路公里数，区域铁路网密度 = 区域铁路公里数/区域面积。GDP 占全国比重是指区域经济占全国经济的比重，体现了该区域基本经济情况。上述指标反映区域林业产业基础设施状况。

（2）资源禀赋

资源禀赋可依据森林蓄积量、林业用地面积和森林覆盖率三个指标来度量。其中森林蓄积量是指一定森林面积上存在的林木树干部分的总材积，该指标能够反映森林资源丰富程度、衡量森林生态环境优劣程度。林业用地面积包括防护林地、薪炭林地、竹林地等，能够体现区域森林面积的具体构成。森林覆盖率是指区域森林面积占区域土地总面积的比重，是反映区域森林资源和林地占有实际水平的重要指标。上述指标反映区域林业产业构成情况。

（3）生态建设

生态建设可依据各地区林业重点生态工程造林面积、各地区林业系统自然保护区面积、森林公园面积三个指标来度量。其中林业重点生态工程是指退耕还林还草工程、天然林保护工程、野生动植物保护及自然保护区建设工程等。以上三个指标都能反映我国林业产业的可持续发展能力。

以上指标能够较好地反映区域林业产业基础竞争力。

（四）产业环境竞争力

产业环境竞争力下附属两个三级指标，分别为制度环境和金融资本。

（1）制度环境

制度环境可依据地方财政收入占 GDP 的比重来度量。地方财政收入占 GDP 的比重能够反映区域林业产业的财政压力。

（2）金融资本

金融资本可由林业固定资产和林业国家投资两个指标来度量。前者直接影响区域林业产业的发展。林业国家投资则能体现国家对区域林业产业发展的支持情况。

第四节 本章小结

本章根据区域林业产业竞争力评价指标体系设计的原则与要求，基于现有林业产业竞争力评价的相关文献，梳理并构建林业产业竞争力评价的初选评价指标体系。运用群组决策特征根法（GEM）初步筛选了初选评价指标体系，保留关键性较强的指标，在此基础上对保留的指标进行相关性分析和鉴别能力的检验，筛除相关性较高、鉴别能力差的指标，最终形成区域林业产业竞争力评价指标体系，并对相关指标进行解释。

第五章　黑龙江省林业产业竞争力评价模型构建及评价

第一节　黑龙江省林业产业竞争力动态评价

基于前文章节对林业产业区域特征分析和指标体系的构建，为清晰准确地反映我国林业产业的区域发展水平，实现综合系统地对我国林业产业区域竞争力的分析比较，结合数据指标量化特征和有效性，本章进一步细化省际区域，以更为直观地检验林业产业区域竞争力水平，也可以反映林业产业整个体系是否科学、合理，为相关部门政策落实到具体研究对象提供有效参考。通过对全国29个省份在同一个时间点上的状况对各指标进行加权比重的静态比较分析，得到环境、基础、核心与外显方面比较优势，反映林业产业竞争力的现有状态；同时由于多种条件的影响，针对各地区2013—2017年各指标加权的时间动态比较，反映林业产业不同于其现有竞争态势的潜在竞争力或变动趋势；根据2013—2017年综合竞争力计量结果结合理论标准划分出差异特征明显的强度梯队，在此基础上进一步分析林业产业竞争力的地区差异性及成因，深入挖掘其发展异质性因素影响。

一、我国林业产业省际区域竞争力评价模型构建

（一）我国林业产业省际区域竞争力评价方法选取及步骤

评价体系的科学性受多个因素影响，其中最为重要的是评价方法的选择。评价方法中，综合评价法可根据不同的评价目标，将评价体系中多种统计指标和评价逻辑综合在一起，并以权重作为关联，最终形成对评价对象的总体评价。产业竞争力的评价具有综合性的特点，所以选取合理有效的综合评价方法是对产业竞争力评价的科学路径。产业竞争力评价中的综合评价方法，常用的有主成分分析（PCA）、因子分析（FA）、聚类分析（CA）、雷达图分析（RC）等方法。鉴于我国各省份林业产业竞争力的实际特点，其评价方法应符合林业产业多元统计指标要求。同时，由于综合评价方法整体衡量了影响我国各省份林业产业竞争力的各种因素或构成要素，对这些因素进行评价分析可以进一步探索产业竞争力提升的路径。该评价方法所需的主体数据资料可以从统计年鉴中直接获取或经过推算得到，并且在学术研究中合理可行。因此，本书将运用 TOPSIS 综合评价方法，对我国各省份林业产业竞争力进行评价及分析。

按照我国各省份林业产业竞争力综合评价方法的要求，本评价及分析分为以下六个步骤：

第一，明确评价形式。评价包括两个层次，首先需要确定特定标准，通过将个体与标准相关联而展开分析，其次在缺乏

特定标准时，往往使用相对评价方法，使产业的强弱关系以对比方式动态呈现，且随着时间的推移会发生变化，所以应该在评价过程中仅对特定阶段的状况展开研究，并分析相互间的差异性，因此，在确定评价目的之后，仍需确定评价形式的选取内容。

第二，建立评价指标体系。为综合系统地对我国林业产业竞争力进行比较分析，需要从确定的评价对象中选取一些指标或构成要素，对林业产业的评价指标，或对林业产业评价因素的体系进行再深入的构建，然后，使用相关林业产业指标及其影响因素对林业产业的竞争力进行具体描述，进而准确无误地反映我国林业产业的发展水平。

第三，确定评价指标权重。评价指标组合形成总体结论时需要确定指标的权重，权重的选取可以采用客观的熵值赋权法，不仅能够充分挖掘数据本身的统计意义，也能够充分利用数据指标的经济意义，使其客观、公正、科学地反映各指标所占权重，因此具有较高的可信度。

第四，依据对林业产业竞争力所评价的内容，原始数据的基本特征，以及文献研究，对综合评价方法进行选择，然后构建相应的评价模型，进行实证测评。

第五，参照实证测评，根据得出的综合评价体系中指标值的大小以及各综合评价的等级数量阈值，从而得出评价对象的重要性排序，得出评价结果。

第六，在对我国各省份林业产业竞争力综合评价的基础上，针对各省份评价结果进行聚类，剖析产生差异的原因，最终为政府部门的科学决策以及林业产业的转型升级提供理论依据。

（二）我国林业产业省际区域竞争力评价指标权重的确定

为保证评价指标能够科学有效地反映其权重，应该运用较为科学严谨的方法。从实际应用视角来看，熵值法是属于客观赋权的一种方法，是利用指标信息熵的计算，观察指标相应的变动情况，以及这些变动对系统的整体影响，来确定指标的权重，其中相对变化程度都与指标的重要性呈正相关，此方法现广泛应用在统计学等各个领域，具有较强的研究价值，有助于在研究过程中保持一致性的思维过程，适用于较为复杂的综合评价系统，也是如今确定权重广泛运用的方法之一。同时，在分析过程中，影响我国各省份林业产业竞争力的因素复杂繁多，因此，其竞争力评价指标权重的确定，则是采用熵值法。

熵（entropy）这个术语，是 1850 年德国物理学家克劳修斯最早开始使用的，用来描述空间中某种能量分布的有序程度。最初熵属于热力学领域，一般用 S 表示。后来这个概念被引申到其他领域，如在信息论的应用中，熵用来对不确定性进行描述。信息量与不确定性负相关，与熵值也是负相关。因此，根据熵的这些特性，我们可以利用熵值的确定，对事件的随机性和无序程度进行判别，离散程度越大的指标，熵值越大，权重越大，从而为下一步进行评价工作打下基础。

①在所用的 n 个测评对象和 m 个指标中，x_{ij}是第 i 个测评对象的第 j 个指标的值（$i=1,2\cdots,n$；$j=1,2,\cdots,m$）。

②指标的标准化处理。由于各项指标单位不一，在计算综合指标时需要做标准化操作，以使指标量纲不影响评价结果。这里需要区分正向和负向指标，具体操作方式为：

正向指标：

$$x'_{ij}=\left[\frac{x_{ij}-\min(x_{1j},x_{2j},\cdots,x_{nj})}{\max(x_{1j},x_{2j},\cdots,x_{nj})-\min(x_{1j},x_{2j},\cdots,x_{nj})}\right]\times 100$$

负向指标：

$$x'_{ij}=\left[\frac{\max(x_{1j},x_{2j},\cdots,x_{nj})-x_{ij}}{\max(x_{1j},x_{2j},\cdots,x_{nj})-\min(x_{1j},x_{2j},\cdots,x_{nj})}\right]\times 100$$

则 x'_{ij} 为第 i 个省份的第 j 个指标的数值（$i=1$，$2\cdots$，n；$j=1$，2，$\cdots$，m）。为了方便起见，仍记数据 $x'_{ij}=x_{ij}$。

③对第 j 项指标下，第 i 个省份占该指标的比重：

$$p_{ij}=\frac{X_{ij}}{\sum_{i=1}^{n}X_{ij}}，(i=1,2,\cdots,n;\ j=1,2,\cdots,m) \qquad (5-1)$$

④计算第 j 项林业产业评价指标的熵值：

$$e_j=-k\sum_{i=1}^{n}p_{ij}\ln(p_{ij})，其中，k>0，k=1/\ln(n)，e_j\geqslant 0 \qquad (5-2)$$

⑤第 j 项林业产业评价指标的差异系数进行计算。对于第 j 项评价指标，值的差异越大，对方案评价的影响就越大，熵值越小，这里定义差异系数：

$$g_j=\frac{1-e_j}{m-E_e} \qquad (5-3)$$

式中 $E_e=\sum_{j}^{n}e_j$，$0\leqslant g_i\leqslant 1$，$\sum_{j=1}^{m}g_j=1$

⑥求权值：

$$w_j=\frac{g_j}{\sum_{j=1}^{m}g_j}，(1\leqslant j\leqslant m) \qquad (5-4)$$

⑦最后，得出各测评对象的综合分值：

$$s_i=\sum_{j=1}^{m}w_j\cdot p_{ij}，(i=1,2,\cdots n) \qquad (5-5)$$

（三）我国林业产业省际区域竞争力的改进加权 TOPSIS 评价模型

在本书所使用的评价方法中，建立林业产业竞争力评价指标体系、确定各指标的权重是基础，在此基础上需要构建相应的评价模型，整合多指标的评价值，即通过一定的算法将反映事物不同方面的多个指标的评价值综合在一起，以得到一个整体性的评价。在系统工程中，TOPSIS 法是针对有限方案、多目标决策分析的常用方法。可以利用归一化后的原始数据矩阵，从有限方案中，选出最优方案和最劣方案（用最优解向量和最劣解向量描述），而且，可以进一步地对诸评价对象以最优和最劣方案的距离进行计算，从而得到各评价对象与最优方案的差距，作为评价优劣的依据。

TOPSIS 方法即逼近理想解的方法，它是一种综合利用多个决策目标，进行数据的对比和分类，以获得最理想解的方法，这种方法通过计算各个指标与理想结果的距离来进行评价。

采用相对接近测度。假设决策问题中，存在 m 个目标 f_j（$j=1, 2, \cdots, m$），和 n 个可行解 $Z_i=(Z_{i1}, Z_{i2}, \cdots, Z_{im})$（$i=1, 2, \cdots, n$）；并假设该问题中，规范化加权目标的理想解是 Z^*，其中

$$Z^+=(Z_1^+, Z_2^+, \cdots, Z_m^+) \qquad (5-6)$$

若用欧几里得范数测度距离，则任意可行解 Z_i 距离理想解 Z^+：

$$S_i^+=\sqrt{\sum_{j=1}^{m}(Z_{ij}-Z_j^+)^2},\ i=1,\cdots,n \qquad (5-7)$$

式中，Z_{ij}表示第 j 个目标对第 i 个方案（解）的规范化加权值。

同理，假设 $Z^- = (Z_1^-, Z_2^-, \cdots, Z_m^-)^T$，表示决策问题的规范化加权目标的负理想解，则任意可行解 Z_i 距离负理想解 Z^-：

$$S_i^- = \sqrt{\sum_{j=1}^{m} (Z_{ij} - Z_j^-)^2}, \ i = 1, \cdots, n \qquad (5-8)$$

那么，定义可行解对于理想解的相对距离为：

$$C_i = \frac{S_i^-}{S_i^- + S_i^+}, \ 0 \leqslant C_i \leqslant 1; \ i = 1, \cdots, n \qquad (5-9)$$

于是，若 Z_i 是理想解，则相应的 $C_i = 1$；若 Z_i 是负理想解，则相应的 $C_i = 0$。Z_i 离理想解越近，C_i 也越接近于1；反之，离负理想解越近，C_i 与0越接近。从而可以对 C_i 进行排序，求出满意解。

第一步：对于这一决策问题，决策矩阵为 A。Z' 为由 A 构成的规范化决策矩阵，组成元素为 Z'_{ij}，且有

$$Z'_{ij} = \frac{f_{ij}}{\sqrt{\sum_{i=1}^{n} f_{ij}^2}}, \ i = 1, 2, \cdots, n; \ j = 1, 2, \cdots, m \qquad (5-10)$$

式中，f_{ij} 由决策矩阵给出。

$$A = \begin{bmatrix} f_{11} & f_{12} & \cdots & f_{1m} \\ f_{21} & f_{22} & \cdots & f_{2m} \\ \vdots & \vdots & \cdots & \vdots \\ f_{n1} & f_{n2} & \cdots & f_{nm} \end{bmatrix} \qquad (5-11)$$

第二步：得出规范化的加权决策矩阵 Z，其元素为 Z_{ij}

$$Z_{ij} = W_j Z'_{ij}, \ i = 1, \cdots, n; \ j = 1, \cdots, m \qquad (5-12)$$

W_j 为第 j 个目标的权。

第三步：理想解和负理想解的确定。当决策矩阵 Z 中，元素 Z_{ij} 值大时，认为该方案是好的，则

$$Z^{+} = (Z_1^{+}, Z_2^{+}, \cdots, Z_m^{+}) = \{\max_i Z_{ij} \mid j = 1,2,\cdots,m\} \quad (5-13)$$

$$Z^{-} = (Z_1^{-}, Z_2^{-}, \cdots, Z_m^{-}) = \{\max_i Z_{ij} \mid j = 1,2,\cdots,m\} \quad (5-14)$$

第四步：计算每个方案与 Z^{+}、Z^{-} 的欧氏距离，得到 S_i^{-} 和 S_i^{+}。

第五步：计算 C_i，并按每个方案与理想解的距离 C_i 的大小进行排序，找出满意解。

在诸多多目标综合评价排序的方法中，TOPSIS 法能够充分利用原始数据信息，能精确地对各评价方案之间的差距进行反映，而且 TOPSIS 对数据分布、样本含量、指标多少限制较少，数据的计算也简单易行。所以它不仅适用于小样本，也适用于对多评价对象、多指标的大样本进行评价。

（四）我国林业产业省际区域竞争力线性加权函数模型

在多指标综合评价方法里，评价指标体系的建立、评价指标权重的确定和数据的无量纲处理是基础，之后是将多指标的评价值进行合成，即利用算式将多个指标对问题不同方面的评价值合成在一起，以得到一个整体性的评价。可用于整合的数学方法较多，大致可以分为四种，即线性加权函数法、乘法合成法、加乘混合合成法、代换法。综合考虑以上四种方法的优缺点及被评价对象的特征，并进一步借鉴何国辉（2010）[1]、赵庆超（2014）[2] 文献做法，本书同时也采用线性加权函数法合成各指标的评价值，从而得到综合评价值，以此通过多种方法对

---

[1] 何国辉. 中国省级区域造纸产业竞争力研究［D］. 福州：福建农林大学，2010.

[2] 赵庆超. 中国各省区木材加工及木竹藤棕草制品产业竞争力研究［D］. 北京：中国林业科学研究院，2014.

比验证我国林业产业竞争力测评结果，增加其结果客观性。

线性加权和函数法的基本公式为：

$$A = f(x) = \sum_{i=1}^{n} w_i x_i \tag{5-15}$$

公式中，$A = f(x)$ 描述的是被评价对象的综合评价值；w_i 为各评价指标的权数；x_i 为单个指标的评价值；n 为评价指标数量。

二、我国林业产业省际区域竞争力动态评价

（一）数据来源及测评对象

基于我国林业产业竞争力加权平均处理后的数值测算分析结果，将29个省份林业产业竞争力测度结果根据数值特征分类，综合确定为最强梯队、强梯队、弱梯队和最弱梯队。为进一步分析林业产业不同于其现有竞争态势的潜在竞争力或变动趋势，运用面板数据对林业产业竞争力进行动态测度。鉴于我国发展林业产业的较多，针对每个省份开展动态测评的难度很高，也缺乏必要性。本书基于分类结果分别选取了静态测评四个梯队福建、吉林、河南和陕西的时间序列数据，研究每个梯队动态发展变化情况。主要基于以下两个层面：一方面，基于每个梯队的4个省份的林业产业各方面竞争力截面数据分析结果，在各梯队样本中具有较强的代表性；另一方面，基于四个梯队数据可获得性、完整性和客观性。本书以2013—2017年29个省份五年的相关数据为样本，对29个省份林业产业的各种竞争力展开动态测评。本书数据主要来源于：2013—2017年《中国林业统计年鉴》和2018年的《中国林业和草原统计年鉴》、2013—2017年《中国统计年鉴》以及国家统计局、国家知识产权局、国家科技部等门户网站等。通过大

量数理运算获取我国29个省份（由于西藏、宁夏数据缺少较多，未纳入分析范畴；香港特别行政区、澳门特别行政区及台湾省暂不列入）指标值。

（二）基于熵值法的动态指标权重确定

在确定我国林业产业竞争力评价动态指标权重的过程中，根据相应动态指标计算方法，运用前文所述的熵值法客观计算得到相应的权重值。计算得到二级指标对林业产业竞争力目标层的权重值。同时，还计算得到三级指标对于二级指标的权重值、评价指标对三级指标的权重值以及评价指标对于目标层的权重值。结果见表5－1～表5－5，以及图5－1。

表5－1 外显竞争力各指标权重

指标 省份	林业产业市场占有率（X1）	产品销售收入（X2）	林业总产值（X3）	林业总产值占地方经济总产值比重（X4）
北京	0.10384	0.15409	0.00184	0.13212
天津	0.00706	0.03663	0.00267	0.19349
河北	0.03124	0.02251	0.00887	0.01352
山西	0.04308	0.03446	0.00937	0.06021
内蒙古	0.06094	0.09279	0.01641	0.05650
辽宁	0.03539	0.05751	0.00391	0.08607
吉林	0.00586	0.04085	0.00993	0.00591
黑龙江	0.01000	0.03904	0.00884	0.02677
上海	0.00000	0.00000	0.00955	0.17453

续表

省份＼指标	林业产业市场占有率（$X1$）	产品销售收入（$X2$）	林业总产值（$X3$）	林业总产值占地方经济总产值比重（$X4$）
江苏	0.02104	0.03766	0.01050	0.00417
浙江	0.03524	0.05653	0.02040	0.00163
安徽	0.14822	0.04745	0.02821	0.02972
福建	0.03489	0.06333	0.02313	0.02944
江西	0.00581	0.04632	0.03915	0.07767
山东	0.00987	0.02897	0.01148	0.00660
河南	0.00423	0.01652	0.00876	0.01314
湖北	0.01210	0.03957	0.03392	0.02863
湖南	0.03565	0.07025	0.02850	0.10329
广东	0.02610	0.03344	0.02279	0.00874
广西	0.00716	0.04417	0.02577	0.05419
海南	0.04176	0.05816	0.00884	0.00916
重庆	0.01374	0.03694	0.03510	0.04061
四川	0.01767	0.02934	0.02806	0.02704
贵州	0.03351	0.05029	0.07148	0.05565
云南	0.08730	0.02990	0.02765	0.01579

续表

指标 省份	林业产业市场占有率（X1）	产品销售收入（X2）	林业总产值（X3）	林业总产值占地方经济总产值比重（X4）
陕西	0.03278	0.00780	0.04321	0.05360
甘肃	0.02214	0.14433	0.02292	0.02150
青海	0.04643	0.23064	0.08426	0.06539
新疆	0.00592	0.02734	0.00434	0.03644

表5-2 核心竞争力各指标权重

指标 省份	企业从业人员比重（X8）	林业系统在岗职工年平均工资（X9）	林业第二产业产值所占比重（X10）	林业第三产业产值所占比重（X11）	基层林业站数量（X12）	教育经费投入（X13）
北京	0.00000	0.00300	0.23078	0.01775	0.00101	0.00064
天津	0.23468	0.00384	0.06469	0.00162	0.00112	0.00029
河北	0.05422	0.00800	0.05459	0.00302	0.00001	0.00365
山西	0.07239	0.00504	0.00850	0.00460	0.00019	0.00180
内蒙古	0.09061	0.00647	0.03331	0.06198	0.00001	0.00201
辽宁	0.00871	0.00430	0.21314	0.00153	0.00092	0.00043
吉林	0.04337	0.01522	0.09590	0.07197	0.00002	0.00152
黑龙江	0.05488	0.01541	0.00987	0.03477	0.00001	0.00164

续表

指标 省份	企业从业人员比重（X8）	林业系统在岗职工年平均工资（X9）	林业第二产业产值所占比重（X10）	林业第三产业产值所占比重（X11）	基层林业站数量（X12）	教育经费投入（X13）
上海	0.00000	0.00624	0.07221	0.00427	0.00003	0.00241
江苏	0.06506	0.01122	0.16236	0.00214	0.04766	0.00092
浙江	0.06006	0.00701	0.01005	0.01100	0.03293	0.00216
安徽	0.04157	0.00690	0.06363	0.00552	0.00019	0.00152
福建	0.03271	0.00486	0.01142	0.00688	0.00001	0.00224
江西	0.05551	0.01106	0.03162	0.00404	0.00004	0.00213
山东	0.20177	0.00653	0.03545	0.00386	0.00584	0.00175
河南	0.21711	0.00273	0.02345	0.00161	0.00002	0.00077
湖北	0.02438	0.00601	0.01708	0.00716	0.00004	0.00323
湖南	0.04708	0.00807	0.00775	0.00407	0.00214	0.00212
广东	0.06303	0.01123	0.02173	0.00659	0.00351	0.00278
广西	0.02971	0.00748	0.02210	0.00401	0.00001	0.00413
海南	0.02014	0.00351	0.04029	0.00178	0.15952	0.00212
重庆	0.13743	0.00801	0.03581	0.04208	0.04103	0.00263
四川	0.06491	0.00800	0.02699	0.00378	0.00003	0.00271
贵州	0.02869	0.01711	0.00894	0.00171	0.00015	0.00326

续表

指标 省份	企业从业人员比重（X8）	林业系统在岗职工年平均工资（X9）	林业第二产业产值所占比重（X10）	林业第三产业产值所占比重（X11）	基层林业站数量（X12）	教育经费投入（X13）
云南	0.09147	0.02432	0.00905	0.00826	0.00002	0.00515
陕西	0.03721	0.00162	0.21639	0.20881	0.00053	0.00050
甘肃	0.17049	0.00778	0.03587	0.02126	0.00376	0.00384
青海	0.00000	0.02172	0.13355	0.16112	0.00000	0.00189
新疆	0.27296	0.00539	0.00804	0.01066	0.00062	0.00227

表5-3　基础竞争力各指标权重（1）

指标 省份	铁路网密度（X15）	*GDP*占全国比重（X17）	森林蓄积量（X18）	林业用地面积（X20）	森林覆盖率（X21）
北京	0.00002	0.00159	0.00000	0.00590	0.00000
天津	0.00048	0.00631	0.00000	0.00207	0.00000
河北	0.00058	0.00681	0.00000	0.00875	0.00000
山西	0.00232	0.10868	0.00000	0.03063	0.00000
内蒙古	0.00154	0.03643	0.00000	0.01224	0.00000
辽宁	0.00072	0.09028	0.00000	0.00217	0.00000
吉林	0.00062	0.02553	0.00000	0.00051	0.00000

续表

指标 省份	铁路网密度（X15）	GDP 占全国比重（X17）	森林蓄积量（X18）	林业用地面积（X20）	森林覆盖率（X21）
黑龙江	0.00004	0.10595	0.00000	0.00050	0.00000
上海	0.00000	0.00786	0.00000	0.00102	0.00000
江苏	0.00013	0.03615	0.00000	0.00023	0.00000
浙江	0.00137	0.01981	0.00000	0.00033	0.00000
安徽	0.00132	0.00679	0.00000	0.00093	0.00000
福建	0.00103	0.01761	0.00000	0.00084	0.00000
江西	0.00217	0.00428	0.00000	0.00019	0.00000
山东	0.00150	0.01971	0.00000	0.00237	0.00000
河南	0.00017	0.01810	0.00000	0.00234	0.00000
湖北	0.00007	0.06055	0.00000	0.00090	0.00000
湖南	0.00056	0.01808	0.00000	0.00176	0.00000
广东	0.00070	0.02017	0.00000	0.00109	0.00000
广西	0.00164	0.15510	0.00000	0.00071	0.00000
海南	0.00395	0.05142	0.00000	0.00042	0.00000
重庆	0.00129	0.07866	0.00000	0.00205	0.00000
四川	0.00244	0.00495	0.00000	0.00437	0.00000

续表

指标 省份	铁路网密度（X15）	GDP 占全国比重（X17）	森林蓄积量（X18）	林业用地面积（X20）	森林覆盖率（X21）
贵州	0.00307	0.02506	0.00000	0.00178	0.00000
云南	0.00566	0.04496	0.00000	0.00490	0.00000
陕西	0.00015	0.04562	0.00000	0.00280	0.00000
甘肃	0.00610	0.03783	0.00000	0.01807	0.00000
青海	0.00087	0.05072	0.00000	0.01066	0.00000
新疆	0.00101	0.01382	0.00000	0.00681	0.00000

表 5－3　基础竞争力各指标权重（2）

指标 省份	各地区林业重点生态工程造林面积（X22）	各地区林业系统自然保护区面积（X23）	森林公园面积（X24）
北京	0.01260	0.25829	0.00000
天津	0.00527	0.07007	0.00000
河北	0.00913	0.46972	0.00001
山西	0.00048	0.43527	0.00014
内蒙古	0.00258	0.33420	0.00023
辽宁	0.00852	0.38861	0.00001
吉林	0.01836	0.47871	0.00000

续表

指标 / 省份	各地区林业重点生态工程造林面积（X22）	各地区林业系统自然保护区面积（X23）	森林公园面积（X24）
黑龙江	0.00554	0.43069	0.00090
上海	0.08530	0.41231	0.00000
江苏	0.00796	0.27848	0.00968
浙江	0.00814	0.48787	0.00010
安徽	0.00799	0.43490	0.00023
福建	0.04751	0.44242	0.00013
江西	0.01687	0.48085	0.00002
山东	0.00613	0.38798	0.00002
河南	0.00366	0.25021	0.00008
湖北	0.00527	0.33138	0.02021
湖南	0.00565	0.41410	0.00014
广东	0.02405	0.44964	0.00013
广西	0.00300	0.39628	0.00011
海南	0.00859	0.27961	0.00001
重庆	0.00095	0.33421	0.00004
四川	0.08217	0.39551	0.04577
贵州	0.00772	0.24851	0.00013

续表

指标 省份	各地区林业重点生态工程造林面积（X22）	各地区林业系统自然保护区面积（X23）	森林公园面积（X24）
云南	0.00723	0.34572	0.00206
陕西	0.00055	0.22585	0.00007
甘肃	0.01009	0.29502	0.00005
青海	0.00436	0.06529	0.00043
新疆	0.01153	0.31801	0.00059

表5-4　产业环境竞争力指标权重

指标 省份	地方财政收入占GDP的比重（X25）	林业国家投资（X27）	林业固定资产（X28）
北京	0.06320	0.05652	0.09710
天津	0.03607	0.00489	0.00385
河北	0.02689	0.03519	0.01599
山西	0.03830	0.03512	0.03356
内蒙古	0.02949	0.09793	0.04914
辽宁	0.03460	0.06403	0.02027
吉林	0.02484	0.04131	0.03105
黑龙江	0.02565	0.07824	0.06972
上海	0.06557	0.00333	0.00745

续表

指标 省份	地方财政收入占GDP的比重（X25）	林业国家投资（X27）	林业固定资产（X28）
江苏	0.04344	0.00563	0.03331
浙江	0.04136	0.02998	0.00558
安徽	0.03049	0.01184	0.00863
福建	0.03105	0.01524	0.00532
江西	0.02829	0.08159	0.01114
山东	0.03465	0.02597	0.01379
河南	0.02582	0.01317	0.01851
湖北	0.02659	0.02411	0.01464
湖南	0.02463	0.03469	0.02170
广东	0.03548	0.02170	0.00660
广西	0.03670	0.03779	0.28595
海南	0.03923	0.00768	0.00456
重庆	0.03490	0.03567	0.02532
四川	0.03229	0.06172	0.07692
贵州	0.03705	0.02973	0.02813
云南	0.03875	0.03530	0.02733
陕西	0.03170	0.03363	0.02314
甘肃	0.02346	0.03791	0.03237

续表

省份＼指标	地方财政收入占GDP的比重（X25）	林业国家投资（X27）	林业固定资产（X28）
青海	0.02677	0.01337	0.01283
新疆	0.03276	0.02671	0.01609

表5-5　2013—2017年林业产业各项竞争力权重

竞争力分类＼年份	2013	2014	2015	2016	2017
外显竞争力	0.21988	0.23933	0.21287	0.27454	0.26471
核心竞争力	0.14089	0.24323	0.25523	0.13136	0.14915
基础竞争力	0.31848	0.32620	0.31462	0.35282	0.35815
产业环境竞争力	0.32075	0.19124	0.21728	0.24128	0.22800

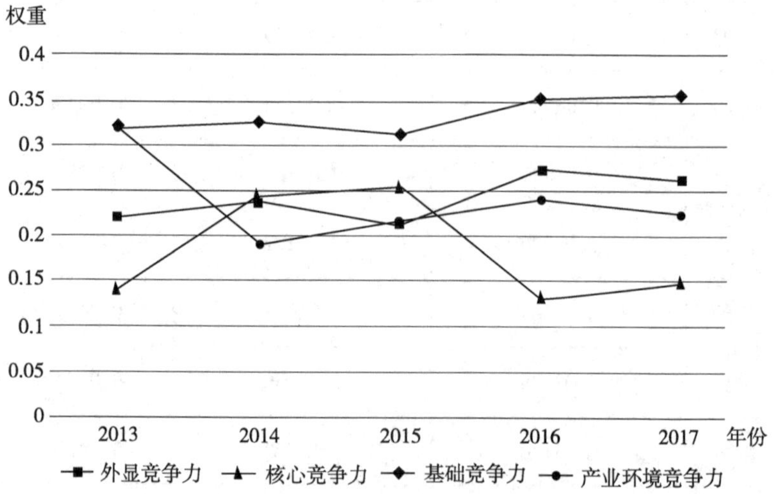

图5-1　2013—2017年林业产业各项竞争力权重

由图5-1可知，2013—2017年我国林业产业外显竞争力、核心竞争力、基础竞争力、产业环境竞争力权重存在一定的变化。林业产业外显竞争力权重处于波动中稳步上升阶段，其权重比重由0.21988上升至0.26471。核心竞争力权重存在较大幅度的波动，最高权重出现于2015年，为0.25523，最低权重出现在2016年，为0.13136。基础竞争力权重一直较高，权重值在0.31462~0.35815之间波动。产业环境竞争力权重整体上处于不断下降的趋势，由2013年0.32075降低至2014年的0.19124，不过整体上仍比核心竞争力权重高。

（三）我国林业产业省际区域竞争力动态评价结果分析

（1）林业产业竞争力总体评价结果

林业产业竞争力总体评价结果见表5-6。

表5-6 林业产业竞争力总体评价结果

年份及排名 / 省份	2013	排名	2014	排名	2015	排名	2016	排名	2017	排名
北京	0.11289	19	0.11086	20	0.11356	19	0.13084	12	0.10980	16
天津	0.11894	18	0.09306	22	0.09969	21	0.09688	22	0.09858	21
河北	0.12077	17	0.12923	13	0.13784	12	0.12676	14	0.10885	17
山西	0.23386	6	0.07592	25	0.08007	25	0.09524	23	0.05617	27
内蒙古	0.21701	8	0.13179	11	0.13022	13	0.12393	16	0.09872	20
辽宁	0.12243	16	0.12809	14	0.12111	16	0.08462	25	0.07599	23
吉林	0.20127	9	0.13974	9	0.14816	10	0.14344	10	0.12832	12

续表

年份及排名/省份	2013	排名	2014	排名	2015	排名	2016	排名	2017	排名
黑龙江	0.3163	1	0.16173	5	0.16433	7	0.16547	8	0.17124	7
上海	0.09663	21	0.11781	17	0.1198	17	0.12914	13	0.10984	15
江苏	0.19003	10	0.32861	1	0.37021	1	0.33673	2	0.29666	2
浙江	0.08352	25	0.18144	4	0.19295	6	0.19748	6	0.21610	5
安徽	0.155	13	0.13388	10	0.20542	5	0.51063	1	0.13822	10
福建	0.09168	24	0.13021	12	0.14447	11	0.1314	11	0.14239	9
江西	0.09399	22	0.11184	19	0.10894	20	0.10491	20	0.13211	11
山东	0.22214	7	0.31763	2	0.33239	2	0.28792	3	0.23037	4
河南	0.07191	28	0.14577	8	0.14996	9	0.1626	9	0.12301	13
湖北	0.10035	20	0.11886	16	0.12655	15	0.05992	27	0.11714	14
湖南	0.07288	27	0.1251	15	0.12954	14	0.12513	15	0.17240	6
广东	0.13602	14	0.25994	3	0.2709	4	0.27685	5	0.24276	3
广西	0.29104	2	0.16085	6	0.30125	3	0.2857	4	0.46450	1
海南	0.09388	23	0.07438	26	0.08429	24	0.10711	18	0.06929	25
重庆	0.23474	5	0.07714	24	0.06924	27	0.09065	24	0.06797	26
四川	0.18135	11	0.15485	7	0.16227	8	0.17225	7	0.14940	8
贵州	0.13144	15	0.08719	23	0.09536	23	0.10227	21	0.10641	18

续表

年份及排名 省份	2013	排名	2014	排名	2015	排名	2016	排名	2017	排名
云南	0.15599	12	0.1095	21	0.11442	18	0.11674	17	0.10428	19
陕西	0.26199	4	0.11497	18	0.09893	22	0.10538	19	0.06936	24
甘肃	0.07546	26	0.05704	28	0.04612	28	0.04934	28	0.05090	28
青海	0.02307	29	0.04854	29	0.02306	29	0.02903	29	0.04786	29
新疆	0.27023	3	0.07154	27	0.07469	26	0.0752	26	0.08414	22

从林业产业竞争力总体评价结果来看，2017年广西、江苏、广东、山东、浙江位列全国林业产业竞争力前5名。其中，广西2013—2017年林业产业竞争力排名不断上升，从第6名上升为第1名。江苏省除2013年之外始终保持林业产业竞争力的前2名。广东省2013年林业产业竞争力较弱，全国排名第14名，随后逐渐上升至第3名。山东省于2014—2015年获得全国林业产业竞争力排名第2名，2017年略降为第4名。浙江省林业产业竞争力上升较快，从2013年的25名，上升至2017年的第5名。

由以上分析可以发现，中国林业产业竞争力按省份分布逐渐从北高南低向南高北低转变，黑龙江、新疆等省份逐渐失去林业产业竞争力优势。

（2）林业产业外显竞争力测评结果

林业产业外显竞争力测评结果见表5-7。

表 5－7　林业产业外显竞争力测评结果

年份及排名 / 省份	2013	排名	2014	排名	2015	排名	2016	排名	2017	排名
北京	0.00987	28	0.01064	27	0.00707	28	0.07833	24	0.00937	28
天津	0.00098	29	0.00028	29	0.00119	29	0.03592	29	0.00135	29
河北	0.10727	14	0.07328	20	0.0932	17	0.1036	17	0.11244	18
山西	0.02581	24	0.02858	25	0.03342	25	0.0947	21	0.04549	25
内蒙古	0.02157	25	0.0316	24	0.0403	24	0.08122	23	0.05758	24
辽宁	0.08889	16	0.09389	18	0.08502	19	0.19677	6	0.08551	21
吉林	0.11838	11	0.12083	11	0.13361	11	0.13038	12	0.19012	14
黑龙江	0.12984	9	0.1329	10	0.13704	10	0.09595	20	0.20670	13
上海	0.01973	26	0.02132	26	0.01949	26	0.07534	25	0.02777	27
江苏	0.15693	5	0.25911	3	0.32325	3	0.25482	5	0.37520	5
浙江	0.14841	6	0.171	6	0.18804	8	0.19402	7	0.30852	8
安徽	0.14371	7	0.16169	8	0.23568	5	0.53529	1	0.30294	9
福建	0.18907	4	0.2013	5	0.22023	6	0.18359	9	0.37845	4
江西	0.13843	8	0.17083	7	0.19086	7	0.13898	11	0.35592	7
山东	0.3144	1	0.33429	1	0.35725	1	0.32718	2	0.42800	2
河南	0.07198	19	0.07147	21	0.08651	18	0.11157	15	0.13137	17

续表

年份及排名 省份	2013	排名	2014	排名	2015	排名	2016	排名	2017	排名
湖北	0.07508	18	0.08438	19	0.11632	13	0.12321	14	0.24798	11
湖南	0.1196	10	0.13531	9	0.15595	9	0.16451	10	0.40636	3
广东	0.23383	3	0.25051	4	0.27953	4	0.29648	3	0.46657	1
广西	0.28659	2	0.27225	2	0.3427	2	0.27616	4	0.36330	6
海南	0.10511	15	0.10177	14	0.09979	16	0.1901	8	0.15326	16
重庆	0.03363	22	0.03793	23	0.04285	23	0.10755	16	0.09299	20
四川	0.11165	12	0.11352	13	0.13304	12	0.1274	13	0.23705	12
贵州	0.03277	23	0.06105	22	0.06991	20	0.08382	22	0.25685	10
云南	0.10836	13	0.09536	16	0.10904	15	0.09709	19	0.16395	15
陕西	0.04583	20	0.00368	28	0.05986	21	0.0991	18	0.08015	22
甘肃	0.03758	21	0.09872	15	0.04758	22	0.04895	28	0.06299	23
青海	0.01368	27	0.11496	12	0.01712	27	0.05123	27	0.03399	26
新疆	0.08019	17	0.09477	17	0.11624	14	0.05824	26	0.10826	19

从林业产业外显竞争力总体评价结果来看，2017 年广东、山东、湖南、福建、江苏位列全国林业产业外显竞争力前 5 名。其中广东省 2013—2017 年排名依次为 3、4、4、3、1，始终处于

外显竞争力较高的位置。山东省林业产业外显竞争力近年一直处于较高水平，始终维持在前2名。湖南省林业产业外显竞争力近年不断优化，从全国第10名，上升至目前的第3名。福建省与江苏省近年林业产业外显竞争力较为稳定，均维持在第4名上下。结果显示，中国各省份林业产业外显竞争力及其排名较为稳定。

由以上分析可见，中国各省份林业产业外显竞争力较为稳定，林业产业外显竞争力较强的省份多集中在沿海发达地区，以及黑龙江、新疆等林业产业规模较大的省份。

（3）林业产业核心竞争力测评结果

林业产业核心竞争力测评结果见表5－8。

表5－8　林业产业核心竞争力测评结果

年份及排名／省份	2013	排名	2014	排名	2015	排名	2016	排名	2017	排名
北京	0.01273	28	0.01375	27	0.00881	28	0.12613	21	0.01051	28
天津	0.00157	29	0.00044	29	0.00191	29	0.05802	28	0.00209	29
河北	0.078	18	0.0962	19	0.13455	17	0.1724	11	0.15584	18
山西	0.03669	24	0.04022	25	0.04751	25	0.14999	15	0.06208	25
内蒙古	0.0284	25	0.04586	24	0.06213	23	0.13609	17	0.09748	22
辽宁	0.09458	16	0.12396	18	0.10122	20	0.31094	4	0.10444	21
吉林	0.15851	8	0.18034	11	0.19753	9	0.20666	9	0.28179	11
黑龙江	0.17273	6	0.19366	9	0.19245	10	0.11921	23	0.27979	12

续表

年份及排名 / 省份	2013	排名	2014	排名	2015	排名	2016	排名	2017	排名
上海	0.02413	26	0.02755	26	0.02247	27	0.11879	24	0.02953	27
江苏	0.12238	13	0.42557	3	0.45279	2	0.46173	3	0.54149	1
浙江	0.14219	10	0.2176	7	0.22614	8	0.24856	7	0.29322	10
安徽	0.15364	9	0.25775	4	0.36578	4	0.22402	8	0.42440	7
福建	0.22365	2	0.24346	5	0.26948	5	0.16107	14	0.42516	6
江西	0.18435	4	0.24052	6	0.25983	6	0.12835	19	0.45305	5
山东	0.21777	3	0.48311	1	0.45271	3	0.49221	1	0.47758	3
河南	0.06367	19	0.08775	22	0.10835	18	0.16714	13	0.14397	19
湖北	0.08375	17	0.09615	20	0.13589	16	0.1142	25	0.25960	13
湖南	0.13692	11	0.15375	13	0.17559	11	0.17866	10	0.53324	2
广东	0.18189	5	0.20893	8	0.23987	7	0.27508	6	0.39269	8
广西	0.29216	1	0.43535	2	0.52437	1	0.48256	2	0.47634	4
海南	0.16738	7	0.16225	12	0.15876	13	0.30302	5	0.24196	15
重庆	0.04745	22	0.05375	23	0.05819	24	0.16731	12	0.11716	20
四川	0.11463	15	0.13155	17	0.1557	15	0.12748	20	0.24718	14
贵州	0.04447	23	0.09339	21	0.10355	19	0.12415	22	0.35508	9

续表

年份及排名 / 省份	2013	排名	2014	排名	2015	排名	2016	排名	2017	排名
云南	0.13429	12	0.1361	16	0.15609	14	0.13175	18	0.22574	16
陕西	0.06037	20	0.00863	28	0.07723	21	0.1471	16	0.09653	23
甘肃	0.05857	21	0.15142	14	0.0736	22	0.07447	27	0.09617	24
青海	0.02205	27	0.18393	10	0.02756	26	0.08272	26	0.05456	26
新疆	0.11841	14	0.14091	15	0.17239	12	0.04397	29	0.15688	17

从林业产业核心竞争力总体评价结果来看，2017 年江苏、湖南、山东、广西、江西位列全国林业产业核心竞争力前 5 名。与林业产业外显竞争力相比，江西省的排名在林业产业核心竞争力中排名更为靠前，且相比 2016 年，2017 年江西省林业产业核心竞争力增长显著。

由表 5－8 及前文分析可以看出，2013 年林业产业核心竞争力分化情况在 2017 年得到了很大程度的改观，地区性差异不断减小，同时也存在沿海发达地区竞争力更强的局面。

（4）林业产业基础竞争力测评结果

林业产业基础竞争力测评结果，见表 5－9。

表 5－9　林业产业基础竞争力测评结果

年份及排名 / 省份	2013	排名	2014	排名	2015	排名	2016	排名	2017	排名
北京	0.01057	28	0.01142	27	0.0074	28	0.10867	22	0.00838	28

续表

年份及排名 / 省份	2013	排名	2014	排名	2015	排名	2016	排名	2017	排名
天津	0.00136	29	0.00053	29	0.0017	29	0.05014	28	0.00184	29
河北	0.07448	17	0.09606	19	0.15235	11	0.18077	10	0.16537	17
山西	0.03108	24	0.03396	25	0.04024	25	0.12873	15	0.05207	25
内蒙古	0.02375	25	0.04297	24	0.06791	21	0.12713	16	0.10380	20
辽宁	0.07556	16	0.12667	15	0.09405	19	0.26904	4	0.08958	22
吉林	0.13384	7	0.16925	9	0.19116	8	0.20029	9	0.25982	11
黑龙江	0.14434	5	0.17933	8	0.17298	10	0.12356	18	0.23587	12
上海	0.01974	26	0.02284	26	0.01807	27	0.10188	24	0.02305	27
江苏	0.08512	15	0.52201	2	0.55448	2	0.56098	3	0.62855	1
浙江	0.10565	12	0.2274	5	0.23873	6	0.25063	7	0.26151	10
安徽	0.13136	8	0.28139	4	0.43049	4	0.25758	6	0.42132	5
福建	0.17962	3	0.20214	7	0.24466	5	0.12902	14	0.34488	7
江西	0.15389	4	0.21369	6	0.22949	7	0.12285	19	0.37763	6
山东	0.18251	2	0.57147	1	0.52894	3	0.56172	2	0.47861	3
河南	0.05281	19	0.08868	20	0.11483	18	0.16381	11	0.13441	18
湖北	0.06752	18	0.08234	21	0.12415	17	0.09867	25	0.20830	13
湖南	0.10896	11	0.1279	14	0.14813	12	0.15985	12	0.44822	4

续表

年份及排名/省份	2013	排名	2014	排名	2015	排名	2016	排名	2017	排名
广东	0.1239	9	0.14441	11	0.1875	9	0.22482	8	0.26241	9
广西	0.26056	1	0.44943	3	0.58105	1	0.58118	1	0.55420	2
海南	0.14364	6	0.13957	12	0.13666	16	0.26136	5	0.20797	14
重庆	0.04017	22	0.04562	23	0.04966	24	0.14338	13	0.09646	21
四川	0.09348	14	0.11537	18	0.14347	14	0.11924	21	0.19884	15
贵州	0.03724	23	0.08152	22	0.08995	20	0.1069	23	0.29651	8
云南	0.11642	10	0.11781	17	0.13963	15	0.12034	20	0.19575	16
陕西	0.05048	20	0.01084	28	0.06397	22	0.12473	17	0.07831	24
甘肃	0.05027	21	0.12896	13	0.06304	23	0.06361	27	0.08208	23
青海	0.01907	27	0.158	10	0.02382	26	0.07141	26	0.04709	26
新疆	0.10031	13	0.11942	16	0.14574	13	0.02685	29	0.13213	19

由林业产业基础竞争力评价结果可见，江苏、广西、山东、湖南、安徽位列林业产业基础竞争力前5名，安徽省在林业产业基础竞争力中显现出较强的实力，安徽省从2013年开始，林业产业基础竞争力存在一定程度的波动，整体趋势上升，2017年为第5名。同时，林业产业基础竞争力提升较快的省份还有湖南、贵州、江苏。林业产业基础竞争力排名降低的省份主要有辽宁、吉林、黑龙江、海南、云南。

由表5-9及前文分析可知，中国林业产业基础竞争力的动态变化主要集中在中部及沿海地区，区域间的基础竞争力配比出现显著变迁，高竞争力水平区域逐渐由沿海区域向中部转移。

（5）林业产业产业环境竞争力测评结果

林业产业产业环境竞争力测评结果，见表5-10。

表5-10 林业产业产业环境竞争力测评结果

年份及排名 / 省份	2013	排名	2014	排名	2015	排名	2016	排名	2017	排名
北京	0.01771	28	0.01914	27	0.01184	28	0.19038	12	0.01397	28
天津	0.00228	29	0.00008	29	0.00268	29	0.08563	27	0.00295	29
河北	0.08539	20	0.09824	21	0.09779	21	0.17902	17	0.13005	23
山西	0.05252	24	0.05748	25	0.068	24	0.22692	8	0.08841	25
内蒙古	0.03988	25	0.05765	24	0.0571	25	0.18394	14	0.09652	24
辽宁	0.12574	16	0.11854	19	0.11424	18	0.48936	1	0.13464	21
吉林	0.23116	6	0.23034	8	0.24186	7	0.25434	5	0.36750	9
黑龙江	0.25279	5	0.24984	5	0.25765	5	0.09591	26	0.40622	6
上海	0.03315	26	0.03847	26	0.03027	27	0.17806	18	0.03857	27
江苏	0.13025	15	0.13444	17	0.1339	17	0.17995	15	0.22006	16
浙江	0.18046	12	0.1818	15	0.17895	13	0.2298	7	0.22806	15
安徽	0.20914	8	0.23311	7	0.25106	6	0.12215	22	0.43990	5
福建	0.32199	2	0.33104	2	0.32231	3	0.14416	20	0.55887	3

续表

年份及排名 省份	2013	排名	2014	排名	2015	排名	2016	排名	2017	排名
江西	0. 27092	3	0. 3266	3	0. 35248	2	0. 06689	28	0. 66724	2
山东	0. 21441	7	0. 21683	11	0. 21917	10	0. 30918	3	0. 34599	10
河南	0. 07773	21	0. 08018	22	0. 08983	22	0. 19387	11	0. 13806	20
湖北	0. 11317	17	0. 11802	20	0. 15511	15	0. 09876	25	0. 31735	11
湖南	0. 1895	11	0. 19646	13	0. 21969	9	0. 18768	13	0. 87570	1
广东	0. 19377	9	0. 21705	10	0. 21881	11	0. 25855	4	0. 38579	7
广西	0. 40215	1	0. 47912	1	0. 49325	1	0. 20314	10	0. 15859	18
海南	0. 25592	4	0. 24634	6	0. 24021	8	0. 48691	2	0. 37519	8
重庆	0. 06801	22	0. 07667	23	0. 08095	23	0. 25204	6	0. 16430	17
四川	0. 15131	14	0. 15754	16	0. 17504	14	0. 10225	24	0. 29938	13
贵州	0. 06314	23	0. 13366	18	0. 14763	16	0. 17904	16	0. 55228	4
云南	0. 19113	10	0. 19176	14	0. 21197	12	0. 16505	19	0. 31231	12
陕西	0. 08543	19	0. 00061	28	0. 10863	19	0. 21886	9	0. 13377	22
甘肃	0. 08591	18	0. 2283	9	0. 1083	20	0. 10925	23	0. 14217	19
青海	0. 03219	27	0. 28344	4	0. 04029	26	0. 12309	21	0. 08037	26
新疆	0. 17509	13	0. 20989	12	0. 25976	4	0. 04284	29	0. 23376	14

由林业产业产业环境竞争力评价结果可见，安徽、福建、江西、湖南、贵州位列林业产业产业环境竞争力前5名。其中贵州在林业产业产业环境竞争力中表现较为突出，其林业产业产业环境竞争力水平排名从2013年的第23名，上升至2017年的第4名，进步很快。此外，这种快速增长还体现在湖南等省份。同时，广西等省份在林业产业产业环境竞争力上明显退步。

由表5－10及前文分析可知，2013—2017年中国林业产业产业环境竞争力产生变化的主要省份为广西、贵州和湖南，三省份的林业产业产业环境竞争力此消彼长，其中湖南省中国林业产业产业环境竞争力较为突出。

第二节　黑龙江省林业产业竞争力静态评价

一、组合评价法概述

（一）组合评价法基本思路

学者针对综合评价方法提出了多种评价思路。在评价中，往往指标体系、方法、专家等因素会被考虑到。那么对这些因素，目前共有这样几种组合方法：①指标赋权；②单一评价组合；③专家群组合评价。其中，赋权方法有主观和客观两种，两者各有利弊，前者能够吸收专家丰富的学识经验，但评价存在不确定性，后者评价结果确切，但只能依赖客观数据。因此，综合两种方法的思想产生了。这样的综合方法，就称为组合评价法，其基本思路是，选取几种代表性的单一评价方法，然后选取恰当的组合方法对它们的评价结果进行组合，最后所得的组合评价结果就是最终评价结果。

（二）组合评价的作用

①能够实现取长补短，发挥各单一评价方法的优势，并能规避局限性。单一的评价方法使用场景各异，发挥的效果各不相同，通过分析工作机制不同的评价方法将其进行同质性组合，达到综合评价结果大于简单加和评价结果的效果，拓展了评价方法的适用场景。

②能够对数据进行多种方式的筛选，以选取更多的有价值信息。在单一评价方法下，可以更加深入地评价单方面的属性，无法同时获取多层次的信息。而此时组合评价方法就可以发挥其作用，能够更为全面地对评价对象的属性进行全方位的分析，以获得更多有用信息。

（三）组合评价的步骤

组合评价法主要分为以下七个步骤。

①评价指标及指标权重确定；

②运用独立评价方法做出独立评价；

③运用 KENDALL – W 系数法进行事前一致性检验，检验通过进入⑤，若没通过，则进入④；

④对各种评价方法逐一做一致性检验，选取符合一致性要求的方法，返回③；

⑤选取科学合理的几种组合法对独立评价结果进行组合，得到组合评价结果；

⑥运用 Spearman 等级相关系数法对组合排序结果与独立评

价排序结果进行相关性检验即事后一致性检验；

⑦在得到相关数值后，比较大小，并选择最优组合评价排序结果作为最终组合评价排序结果。

二、林业产业竞争力组合评价模型构建

（一）独立方法选取

鉴于不同的独立综合评价方法具有不同的属性，因此独立方法需要涵盖被评价主体的多方面属性，这样才能优势互补，全面反映多种属性。因此，就要对独立方法做出优缺点分析和机理分析。

（1）TOPSIS 方法

TOPSIS 法是一种重要的多属性决策方法，主要是通过备选方案与“理想解”和“负理想解”的比较选择最优方案。距离“理想解”较近且距离“负理想解”较远的方案较优。

在该方法中，为了避免量纲的影响，各个指标量纲不同、变化范围不同以及优劣特性，使在决策时无法反映指标实际情况，TOPSIS 方法将数据做无量纲化处理，避免了这些问题。最后，通过计算加权规范矩阵、正负理想解欧氏距离得到方案的排序。

但 TOPSIS 存在一定的缺陷，最重要的缺陷是可能导致评价结果出现矛盾。

（2）灰色多层次评价方法

灰色多层次评价方法主要分为单层次灰色关联评估方法和多层次综合评判法。前者指标若为高优指标，则最优值为在各方案中指标的最大值；指标若为低优指标，则最优值为在各方

案中指标的最小值，同时，如果评价指标属性值存在不同量纲和数量级，且没有统一测度标准，那么需要对原始数据进行规范化处理。关联度分析法是灰色系统理论所提出的一种方法，主要用来计算系统中多因素的关联程度，然后确定比较数据列。基于此，判断各方案优劣次序的思路为，关联度越大，则规范化处理后各方案的指标集与最优指标集越接近，方案越好于其他方案。

多层次综合评判模型运用于评价系统指标出现不同层次的情况。多层次综合评判模型是基于单层次综合评判建立而成，与单层次评判的评价思路相似。对每个层次（假设有 L 层）都按照单层次综合评判模型的作用进行计算，于是就得到多个方案评判结果。将 L 个评判结果作为新的矩阵，接着对新矩阵继续用公式转化成综合评判矩阵，运用层次分析法确定各层的权重，最后得到综合评判矩阵评价结果。

（3）主成分分析法

主成分分析法的运算思路是：首先将已经给定的相关变量变换成不相关变量，根据方差递减的顺序对新的不相关变量进行排列。在这个转换过程中，保持变量总方差不变。如果第一变量拥有最大的方差，那么该变量就是第一主成分，那么第二变量方差逐渐递减，并且保持与第一变量的不相关性，这样的话，第二变量即为第二主成分。

主要步骤有：数据标准化处理；相关矩阵的计算；相关矩阵特征根及所对应特征向量的计算；主成分贡献率及累计贡献率的计算；综合评价值的计算。

（4）熵权评价法

熵表示热力学中不能做功的热能，熵值是用热能变化量除以温度所得的值，这个概念最早是由 Shalmon 引入信息论，用来表示信息源发出信号状态的不确定程度，越小越好。

熵权评价法的基本步骤如下：数据标准化处理，将原数据做规范化处理，得到标准化矩阵，并计算熵值；计算指标差异系数；计算指标权重；获得综合评价值。

（5）简单线性加权法

简单线性加权法思路较为直接，具体思路为：数据标准化处理，去除原始数据量纲对评价结果的影响，得到标准化矩阵；获得各项指标权重，权重向量和为1；结合标准化数据和指标权重，得到综合评价值。

（二）指标权重确定

运用上述独立评价方法，不可避免地会遇到权重确定问题，其中权重的确定方法除了熵权法和主成分分析法之外，本书统一采用相关矩阵赋权法。相关矩阵赋权法具体计算过程如下：

假设指标体系中包含 n 个指标，它们的相关矩阵为 R，令 R 为矩阵行列式值减一，则 w_i 为每一个 R_i 占 R 的比重，其中 R_i 表示第 i 个指标对其他（$n-1$）个指标的总影响。R_i 越大，说明第 i 个指标在指标体系中的影响越大，其权重也应该越大，将 R_i 归一化可以得到相应指标的权重。

（三）独立综合评价方法的评价

综合林业产业竞争力的特点，在比较分析 TOPSIS 方法、灰色多层次评价方法、主成分分析方法、熵权评价法与简单线性加权法等五种综合评价方法的评价机理、优缺点之后，选择这五种独立综合评价方法作为林业产业竞争力组合评价模型的原始评价方法，得出独立综合评价排序结果，见表 5-11。

表 5-11 独立综合评价方法评价结果排序

	M_1	M_2	M_3	…	M_m
U_1	y_{11}	y_{12}	y_{13}	…	y_{1m}
U_2	y_{21}	y_{22}	y_{23}	…	y_{2m}
⋮	⋮	⋮	⋮	⋮	⋮
U_n	y_{n1}	y_{n2}	y_{n3}	…	y_{nm}

（四）事前一致性检验

事前一致性检验可以检验 m 种方法的 n 种评价对象，得到评价方法的排序矩阵 y_{ij}，其中 $1 \leqslant y_{ij} \leqslant n(i = 1,2,\cdots,n; j = 1,2,\cdots,m)$。通过协和系数 w 来进行事前一致性检验，这种检验反映样本数据实际符合与最大符合之间的差异程度，主要是判断 m 种评价方法对 n 种对象的评价结果是否一致。

主要过程为：设置统计量 χ^2，并判断 χ^2 是否服从自由度为 $n-1$ 的 χ_α^2 分布，当 $\chi_\alpha^2 > \chi_{\alpha/2}^2(n-1)$ 时，各个独立综合评价方法在 α 显著性水平上具有一致性，相反，当 $\chi_\alpha^2 \leqslant \chi_{\alpha/2}^2(n-1)$ 时，各个独立综合评价方法在显著性水平上不具有一致性，此时需要调整评价方法的构成，排除造成这种不一致的单一独立评价结果，直到检验通过。

（五）兼容一致性评价结果的组合

事前一致性检验需要配合兼容一致性评价结果，本研究采用 Borda 和 Copeland 评价方法做出组合评价，并综合使用整体差异组合评价法获得结果排序。

Borda 组合评价法通过判断评价结果之间的比较关系做出判断，若 x_i 优于 x_j 的数量大于 x_j 优于 x_i 的数量，则记为 $x_i > x_j$，若两者数量相等，则记为 $x_i \sim x_j$，如果方案 x_i 的得分值记为 $b_i = \sum_{i=1}^{n} b_{ij}$，按照 b_i 的大小重新对 x_i 排序，如果 $b_i = b_j$，那么取方差较小者为优。

Copeland 组合评价方法与 Borda 方法的区别主要在不仅考虑评价结果之间的“优于”关系，更增加考虑“劣于”关系，当评价结果 A 劣于 B 时，记 Copeland 得分为 -1。

整体差异组合方法将独立综合评价法得到的排序结果形成标准化矩阵，随后求解该标准化矩阵的特征值和特征向量，并由此获得权重向量。利用该权重向量获得评价结果的综合组合结果，组合评价结果的大小排序即为整体差异组合方法的结果。

（六）Spearman 事后一致性检验

经过上述步骤后，还需要进行 Spearman 事后一致性检验。思路为：首先，对独立综合评价方法进行组合，对组合结果进行排序，排序后结果与原结果做出一致性检验。原理上，Spearman 事后一致性检验主要通过判断评价结果之间的相关程度获得相关度矩阵，并建立服从 $n-2$ 的统计变量，衡量组合评价方法与原独立综合评价方法的评价排序结果之间的平均相关度，如果组合评价方法结果与原结果相近性统计值越高，则表明统计值越优。

三、我国林业产业省际区域竞争力静态评价

（一）数据资料的获取

对我国林业产业竞争力评价研究的主要目的是更好地了解

我国林业产业竞争力的区域状况。通过对我国各省份林业产业竞争力的实证研究，建立一套更好、更科学、更合理的评价指标体系。通过实证分析，对所构建林业产业竞争力评价模型以及评价结果进行检验，为我国各省份相关部门制定提升林业产业竞争力政策提供现实及理论基础。

本书数据主要来源于：2013—2017 年《中国林业统计年鉴》、2013—2017 年《中国统计年鉴》以及国家统计局、国家知识产权局、国家科技部等门户网站。通过大量数理运算获取我国 29 个省份（由于西藏、宁夏数据缺少较多，不纳入分析范畴；香港特别行政区、澳门特别行政区及台湾省暂不列入）指标值。

（二）单一方法的综合评价

确定可比方法集：

M = {TOPSIS 方法 M1、灰色多层次评价方法 M2、主成分分析方法 M3、熵权评价法 M4 与简单线性加权法 M5}。

运用 M 中的方法对评价对象进行单独评价，得到各种方法的评价结果向量，见表 5－12。

表 5－12　单一评价方法的综合评价值

省份	序号	M1	排序	M2	排序	M3	排序	M4	排序	M5	排序
北京	1	0.2181	19	1.0000	1	0.0038	25	0.0238	19	16.9016	8
天津	2	0.1819	24	0.9821	2	0.0035	26	0.0062	29	18.7159	2
河北	3	0.2079	21	0.9606	22	0.7585	6	0.0236	20	16.1899	11
山西	4	0.1757	26	0.9669	3	0.0188	23	0.0155	24	17.0697	7
内蒙古	5	0.3669	4	0.9606	20	0.3228	18	0.0466	5	13.2834	24

续表

省份	序号	M1	排序	M2	排序	M3	排序	M4	排序	M5	排序
辽宁	6	0.1969	23	0.9609	16	0.3607	17	0.0198	22	16.4801	9
吉林	7	0.3335	8	0.9606	21	0.7104	7	0.0458	6	13.3207	23
黑龙江	8	0.4310	2	0.9609	17	0.5078	13	0.0775	2	11.6959	28
上海	9	0.2064	22	0.7941	28	0.0000	29	0.0095	28	17.4680	4
江苏	10	0.4004	3	0.9604	26	3.7130	1	0.0563	3	12.7910	27
浙江	11	0.2533	14	0.9607	19	1.1460	5	0.0279	14	14.6847	18
安徽	12	0.2864	12	0.9604	24	1.7444	4	0.0441	7	14.9467	16
福建	13	0.2625	13	0.9612	12	0.6426	9	0.0282	13	14.4222	19
江西	14	0.2444	17	0.9610	14	0.6313	10	0.0272	16	14.8466	17
山东	15	0.3446	5	0.9605	23	3.1872	2	0.0504	4	13.4760	22
河南	16	0.2171	20	0.9608	18	0.5671	11	0.0202	21	16.2440	10
湖北	17	0.2209	18	0.9612	11	0.4137	15	0.0252	18	15.7838	13
湖南	18	0.2865	11	0.9614	9	0.4330	14	0.0320	11	13.9398	21
广东	19	0.3362	6	0.9620	7	0.6630	8	0.0352	9	12.8268	26
广西	20	0.5119	1	0.9604	25	3.1400	3	0.1730	1	11.3431	29
海南	21	0.1764	25	0.9613	10	0.0752	20	0.0112	26	17.3566	5
重庆	22	0.1570	28	0.9628	6	0.0653	21	0.0132	25	17.1581	6
四川	23	0.3356	7	0.9611	13	0.5203	12	0.0437	8	13.0786	25

续表

省份	序号	M1	排序	M2	排序	M3	排序	M4	排序	M5	排序
贵州	24	0.2468	16	0.9617	8	0.1606	19	0.0253	17	15.4163	14
云南	25	0.2918	10	0.9609	15	0.3802	16	0.0327	10	14.2500	20
陕西	26	0.2995	9	0.9641	5	0.0472	22	0.0278	15	15.0283	15
甘肃	27	0.1576	27	0.9192	27	0.0017	27	0.0178	23	17.9162	3
青海	28	0.1105	29	0.7000	29	0.0009	28	0.0101	27	19.2962	1
新疆	29	0.2500	15	0.9658	4	0.0150	24	0.0303	12	16.0621	12

根据表 5－12 的单一评价结果可以看出，29 个省份的林业产业竞争力的优劣排序在五种方法的运用情况下并不一致，比如北京在 TOPSIS 方法下小排序为第 19 名，而在灰色多层次评价方法、主成分分析方法、熵权评价法与简单线性加权法下的排序分别为第 1 名、第 25 名、第 19 名和第 8 名，因此组合优化这五种方法评价排序结果具有重要的意义。

（三）事前一致性检验

本书运用 Kendall 和 Spearman 相关系数来判断各种单一方法的相容度，并最终确定相容方法集合。

通过表 5－13 可以看出，各方案相容都较好，相关系数区别较大，表明各种方法能通过不同计量视角对林业产业竞争力问题提供评价策略，最终确定相容方法集为 M＝{灰色多层次评价方法 M2、主成分分析方法 M3、熵权评价法 M4 与简单线性加权法 M5}。

表 5-13 相关系数

相关系数	方法	TOPSIS	灰色多层次评价方法	主成分分析方法	熵权评价法	简单线性加权法
Kendal	TOPSIS	1.0000	-0.1297	0.4778	0.8374	-0.8325
	灰色多层次评价方法	-0.1297	1.0000	-0.3492	-0.1945	0.1397
	主成分分析方法	0.4778	-0.3492	1.0000	0.5419	-0.5567
	熵权评价法	0.8374	-0.1945	0.5419	1.0000	-0.8374
	简单线性加权法	-0.8325	0.1397	-0.5567	-0.8374	1.0000
Spearman	TOPSIS	1.0000	0.0695	0.0001	0.0000	0.0000
	灰色多层次评价方法	0.3419	1.0000	0.3902	0.3070	0.0256
	主成分分析方法	0.6558	0.1657	1.0000	0.0001	0.0007
	熵权评价法	0.8555	0.1965	0.6608	1.0000	0.0000
	简单线性加权法	-0.9450	-0.4139	-0.5914	-0.7396	1.0000

（四）兼容一致性评价结果的组合

采用前文给出的 Borda 组合评价法、Copeland 组合评价法和整体差异组合评价法最终确定 29 个省份林业产业竞争力的综合评价值和排序结果。

（1）Borda 组合评价法

采用 Borda 组合评价法来确定最终的组合评价向量，计算得到 29 个省份林业产业竞争力最终的组合评价向量，见表 5 – 14。

表 5 – 14　Borda 组合评价法的最终评价结果

省份	序号	Borda	排序
北京	1	66	21
天津	2	110	1
河北	3	74	13
山西	4	75	11
内蒙古	5	67	19
辽宁	6	72	15
吉林	7	80	7
黑龙江	8	71	16
上海	9	63	23
江苏	10	44	26
浙江	11	73	14
安徽	12	39	27
福建	13	71	16
江西	14	67	19

续表

省份	序号	Borda	排序
山东	15	22	29
河南	16	64	22
湖北	17	79	8
湖南	18	79	8
广东	19	95	2
广西	20	75	11
海南	21	79	8
重庆	22	86	5
四川	23	86	5
贵州	24	93	3
云南	25	58	24
陕西	26	89	4
甘肃	27	26	28
青海	28	69	18
新疆	29	58	24

（2）Copeland 组合评价法

采用 Copeland 组合评价法来确定最终的组合评价向量，计算得到 29 个省份林业产业竞争力最终的组合评价向量，见表 5－15。

表 5－15　Copeland 组合评价法的最终评价结果

省份	序号	Copeland	排序
北京	1	61	17
天津	2	113	1
河北	3	70	12
山西	4	72	13
内蒙古	5	64	19
辽宁	6	75	19
吉林	7	78	7
黑龙江	8	70	15
上海	9	67	21
江苏	10	42	26
浙江	11	70	16
安徽	12	34	27
福建	13	71	14
江西	14	62	21
山东	15	21	29
河南	16	69	24
湖北	17	74	10
湖南	18	75	8

续表

省份	序号	Copeland	排序
广东	19	95	4
广西	20	74	8
海南	21	75	10
重庆	22	85	3
四川	23	91	6
贵州	24	93	5
云南	25	61	25
陕西	26	84	2
甘肃	27	27	28
青海	28	70	18
新疆	29	60	23

（3）整体差异组合评价法

采用整体差异组合评价法来确定最终的组合评价向量，计算得到29个省份林业产业竞争力最终的组合评价向量，见表5－16。

表5－16　整体差异组合评价法的最终评价结果

省份	序号	整体差异组合评价法	排序
北京	1	8.1916	8
天津	2	9.1416	2

续表

省份	序号	整体差异组合评价法	排序
河北	3	7.5274	12
山西	4	8.3044	7
内蒙古	5	6.1458	22
辽宁	6	7.8498	9
吉林	7	6.0190	23
黑龙江	8	5.2156	26
上海	9	8.5410	4
江苏	10	4.4426	28
浙江	11	6.5761	19
安徽	12	6.4308	21
福建	13	6.6507	18
江西	14	6.8803	16
山东	15	5.0435	27
河南	16	7.6324	11
湖北	17	7.4598	13
湖南	18	6.4806	20
广东	19	5.7924	25
广西	20	3.8367	29

续表

省份	序号	整体差异组合评价法	排序
海南	21	8.4288	5
重庆	22	8.3414	6
四川	23	5.9765	24
贵州	24	7.3669	14
云南	25	6.6569	17
陕西	26	7.1890	15
甘肃	27	8.7596	3
青海	28	9.5379	1
新疆	29	7.7501	10

（五）事后一致性检验

运用 SPSS 17.0 软件对各组合排序结果与独立评价排序结果相关性 ρ_{jk} 进行计算，得到结果见表 5－17。

表 5－17　相关系数

方法	TOPSIS	灰色多层次评价法	主成分分析法	熵权评价法	简单线性加权法	Borda 组合法	Copeland 组合法	整体差异组合法
TOPSIS	1.000	0.070	0.000	0.000	0.000	0.649	0.597	0.000
灰色多层次评价法	0.342	1.000	0.390	0.307	0.026	0.495	0.670	0.039

续表

方法	TOPSIS	灰色多层次评价法	主成分分析法	熵权评价法	简单线性加权法	Borda组合法	Copeland组合法	整体差异组合法
主成分分析法	0.656	0.166	1.000	0.000	0.001	0.013	0.010	0.000
熵权评价法	0.855	0.196	0.661	1.000	0.000	0.574	0.531	0.000
简单线性加权法	-0.945	-0.414	-0.591	-0.740	1.000	0.729	0.642	0.000
Borda组合法	-0.088	0.132	-0.454	-0.109	0.067	1.000	0.000	0.455
Copeland组合法	-0.102	0.083	-0.470	-0.121	0.090	0.987	1.000	0.371
整体差异组合法	0.919	0.385	0.698	0.704	-0.975	-0.144	-0.172	1.000

根据第五章第二节林业产业竞争力组合评价模型构建里面的兼容一致性评价结果的组合部分内容计算统计变量 t_k，其计算结果见表5-18，结果表明，Borda算法的 t 值最大，故其对应的组合法是最优组合法，所以基于Borda组合评价法的单一评价排序结果组合所得排序结果为最优排序结果。

表5-18　t 值表

方法 \ t 值及排序	t 值	排序
TOPSIS	0.8551	3
灰色多层次评价法	0.5058	5

续表

方法 \ t 值及排序	t 值	排序
主成分分析法	0.3823	6
熵权评价法	0.3217	7
简单线性加权法	0.0639	8
Borda 组合法	1.5630	1
Copeland 组合法	1.1003	2
整体差异组合法	0.5874	4

四、评价结果分析

根据 Borda 组合评价法的最终排序结果，我们可以看出，天津、广东、贵州、陕西以及重庆（四川并列第 5）林业产业竞争力方面处于全国的前 5 名，随后与吉林、湖北、湖南、海南共同组成林业产业竞争力前 10 名。而林业产业竞争力相对落后的地区有：江西、北京、河南、上海、云南、新疆、江苏、安徽、甘肃和山东，这些区域构成林业产业竞争力全国排名的后 10 名。

由前文的各种方法的评估结果可以看到，各省份林业产业竞争力与各省份的地理位置和经济发展情况关联性不强，沿海地区的林业产业竞争力反而相对较弱。

黑龙江省整体差异组合评价法的最终评价结果得分为 5.2156，位于全国第 26 名。对比黑龙江省动态竞争力测度结果可知，2013—2017 年黑龙江省林业产业竞争力总体评价排名分别为第 1、5、7、8、7 名。这一评价结果的差异主要来自两种评价方法的侧重点不同，静态评价侧重于对黑龙江省林业产业竞争力静态能力的全国横向对比分析，而动态评价则侧重于强调黑龙江省林业产业竞争力在各测度年之间能力的变化趋势和方向。可见，相较于黑龙江省当前林业产业竞争力排名较低的状况，其林业产业竞争力的动态竞争力较强，有较大的发展和提升空间。

第三节　本章小结

本章构建了基于熵权法、TOPSIS综合评价法、线性加权函数法的我国林业产业省际区域竞争力评价模型，通过查阅《中国林业统计年鉴》《中国统计年鉴》和2018年的《中国林业和草原统计年鉴》获得的2013—2017年的统计数据，基于产业竞争力的外显竞争力、基础竞争力、核心竞争力和产业环境竞争力四个层面，从动态和静态两个方面对我国林业产业外显竞争力、核心竞争力、基础竞争力和产业环境竞争力进行动态评价和分析。随后，本章构建基于组合评价法的林业产业竞争力静态评价模型，运用TOPSIS、灰色多层次评价法、主成分分析法、熵权评价法、简单线性加权法、Borda组合法、Copeland组合法、整体差异组合法对林业产业竞争力进行评价，并对评价结果进行加权整合，得到整体系统的综合排序值。选取我国29个省份的林业产业进行实证研究，并结合评价结果对处于各个层次的省份进行分析，为林业产业竞争力的提高提供新的方法和思路。

第六章 提升黑龙江省林业产业竞争力的对策

根据前文的理论论述与实证分析，我国林业产业要想抓住新时代经济发展新常态背景下的良好发展机会，必须充分控制对区域竞争力有效提升有关键影响的多重因素，综合运用各类方法，以提升林业产业竞争力。本章的内在逻辑是：①从宏观层面出发，把握林业产业发展的整体情况，理清影响林业系统各类因素的力度、强度、变动规律以及演进趋势。②从中观角度分析，并结合前文相关分析基础，以林业产业发展为核心要义，针对不同区域的资源禀赋及经济发展条件提出林业产业区域协调发展的总体对策。③在这一基础上进一步从微观层面，根据第五章的静态测评结果，以各省份（梯队）为主体，按照竞争力从强到弱的顺序，分析各个梯队竞争力差异特点，并依次给出针对性的政策建议，以期为黑龙江省林业产业竞争力有效提升提出具有实际参考价值且可行的建议。

第一节 宏观层面的黑龙江省林业产业竞争力提升的总体思路

马克思主义唯物辩证法认为事物的发展是由内外因共同推

动的，内因是第一位的、起决定性作用；而外因是第二位的、起次要作用。将第三章论证中提炼的黑龙江省林业产业竞争力影响因素和第四章林业产业指标评价分析中提炼的各类影响要素综合起来，将黑龙江省林业企业融资能力、科技创新、资源禀赋和产业结构视为产业发展内部驱动力，将制度环境、基础设施、生态环境、金融环境视为外部驱动力。不同的要素之间的作用力与反作用力，同一类型的要素内部的各个部分，它们交错复杂、互相影响，共同塑造区域林业产业竞争力。

林业产业竞争力的外因——生态建设、金融资本、基础设施和制度（政府）环境，为区域林业产业竞争力提升奠定相应基础；而区域林业产业竞争力的内因——林业系统（企业）素质、资源禀赋及林业产业结构，构成区域林业产业竞争力的核心与基础。在产业竞争力的各种构成中，内部动力和外部动力之间交错复杂，互相影响，但交叉作用比较明显，并不是独立的驱动影响。例如，科技创新影响生态建设，资源禀赋影响金融资本，基础设施和制度（政府）环境影响林业系统（企业）素质。

黑龙江省林业产业竞争力演化变换的过程有其独特的生命周期曲线。一方面，从时间维度看，黑龙江省林业产业竞争力提升过程有其自身独特的演变路径，黑龙江省林业产业各个子产业之间相互影响、各个子系统之间相互作用、子产业和林业系统（企业）之间此消彼长；从空间维度上看，林业产业竞争提升过程表现为各种影响因素与构成要素、黑龙江省内各个林业产业部门以及省内林业系统（企业）的不断合并或分裂。另一方面，林业产业结构、林业产业组织和林业产业布局的逐步合理化及高度化，是黑龙江省林业产业演进变化的直接表现形式。

基于林业产业竞争力提升的系统演进路径，我国林业产业综合发展的动态逻辑有以下特征：基于林业产业发展的影响因素以及林业产业发展的构成要素构建林业产业发展的综合支撑体系，明确全面提升林业产业竞争力的战略定位，针对林业产业区域发展不均衡、产业结构不完善、科创能力有限和驱动力不足等发展问题，分别针对各区域统筹林业产业协调发展，优化林业产业结构，提升科创能力，构建林业产业发展的综合辅助体系，实现林业产业可持续发展的长远目标。

第二节　中观层面的黑龙江省林业产业竞争力协调发展对策

一、通过提高和优化林业产业核心竞争力实现区域协调发展

在宏观经济不断变化发展的背景下，受劳动力、土地、资金等成本攀升的影响，传统林业产业发展优势在东部地区相关省份逐渐消减，中西部区域由于其广阔的市场、廉价的原材料，竞争优势不断提升。促使东部区域产业转移，对各种要素自由流动，对优化西部地区产业结构，对东部地区进行产业升级，对区域经济协调发展，对提升我国林业产业整体竞争力，都有十分重要的意义。在西部地区基础设施和投资环境持续完善的当下，合理配置东中西部地区资源，促进东部林业产业资源转移，使中西部承接转移产业，从整体高度布局林业产业，明确林业产业分工，体系化、合理化的林业产业是未来的发展方向。仅就林业产业而言，将技术和资本约束不明显、劳动力资源需

求量大的林业第二产业的相关行业生产基地适时地内移，将有利于我国林业产业发展效能的进一步提升。

对各地区林业产业竞争力的影响因素进行比较分析的另一层意义在于，指出林业产业各项评价指标中存在的合理之处和不足之处，并识别其动态的演化过程。例如经济水平不断提升背景下劳动力资源价格也在持续攀升，由于西部大开发战略的影响，我国内陆地区的发展速度很快，劳动力的需求也相应增加，对沿海地区的劳动力争夺产生一定程度的影响。区域发展是一个动态的全局过程，各地区之间有效地产业衔接对林业产业区域协调发展具有重要意义。各区域应结合自身实际状况，发挥比较优势来达成区域合作，以使产业发展的效率得到相应提升。中西部地区可以通过借鉴发达省份的先进产业技术和成熟管理经验，使项目资金投入获得最大化收益回报，最终形成各省份之间稳定的供求关联，以规避林业产业高附加值的产成品产能不足的问题。

二、通过优化林业产业结构促进产业集聚的实现

林业产业结构的合理化指的是实现林业产业结构从不合理向合理转变的过程，林业产业结构优化指的是在林业产业结构合理化过程基础上实现产业结构从滞后性向高度化的转化。林业产业结构的合理化本身是一个动态的、复杂的过程，是指加强林业第一、第二、第三产业之间的联系，林业各亚产业之间协调能力的加强以及与各种泛林业产业之间的互动。林业产业结构的高度化同样具有复杂、动态的过程，具体表现为林业产业高度集约化、高技术密集化、高加工度化、高附加值化，其主要任务是产业结构本身从低水平迈向高水平的状态。伴随林

业产业结构优化调整这一动态的过程，衰退产业的退出与转型、主导产业的培育与选择是产业结构优化升级的必然要求，也是林业产业结构趋向合理化和高度化的关键。

随着全球竞争的加剧，改变经济增长方式、合理优化配置资源的有效途径和必然要求是产业聚集。产业集聚可以增加外部规模经济效应、促进创新、增加竞争效益。目前，在黑龙江省极具地方特色且具有产业集群性质的林业产业园区和产业聚集区已经初具规模，特别是在森林资源综合开发利用方面，如生态旅游、林产品深加工等产业已经取得一定的发展成果。但是，黑龙江省林业产业聚集仍然存在以下方面的不足：①黑龙江省林业产业集中度低，导致林业产业园区在发展上遇到诸多问题，目前有大量的“僵尸园区”，造成当地政府土地、资金和人才的严重浪费，也影响林业经济的可持续发展；②由于企业间的差距越来越大，具体表现在生产效率、产品质量、人员素质、生产规模等方面，这些因素加大了产业聚集的难度，从而降低了产业的效率。为了提高林业产业的集中度，提升其产业竞争力，应当采取以下对策：①通过企业合并重组加强规模经济效应，加强同类产业中互补的经济效益的提升，减少无效竞争，减少资源浪费，提升整个产业的效率。②省政府领导，各级政府配合，出台落实相关配套政策，提高服务效率和质量，为林业产业的集聚和发展扫清障碍。

三、增强林业产业科技核心技术创新能力

科学技术是第一生产力，科技创新能力的提高可以有效推动林业产业结构调整，促进林业产业转型升级。当前，粗放发展仍然是制约我国林业产业可持续发展的主要因素，这种发展

方式，资源利用效率低下，会产生大量资源浪费。只有提升林业产业科技创新水平，才能走出当前的困局，同时与之配套的相关技术也应得到同步发展。具体做法是：①从底层的人才教育与培养做起，加强林业人才的聚集效应，增加林业人才教育经费的投入力度。②在科研方面，应该完善林业科学研究体系，建立适合林业学术研究的科研制度，激励林业科研人员的创新热情。③适当引进先进技术，在此基础上消化、改造、吸收，使之适合我国林业发展现状。④企业采用先进的管理理念作为保障，例如引入激励机制等管理方法。从这四个方面着手，使林业“产学研”相结合，推动我国林业产业科技核心技术创新能力的不断提升。

四、增强林业产业产业环境竞争力实现产业发展多目标的统一

随着我国整体经济实力的提升与我国林业产业的发展，林业的发展要更加关注环境效应，实现生态性与经济性的统一。随着林业产业同样具有战略意义这一认识取得越来越广泛的认同，在林业产业布局与规划的过程中，其经济性、社会性与生态性的统一应被提上日程。林业产业建设进入新阶段的重要标志，是突出生态性在林业建设中的地位。只有保证社会—经济—环境三个方面的良性循环，经济与环境的可持续发展以及能源和物质的可持续利用才会得到保障。

发展是当今时代的主题之一，而可持续发展已经成为国际社会的共识。《京都议定书》提出将碳排放限制在合理范围之内。《巴黎协定》旨在控制全球气候变暖，放缓气候上升趋势，稳定全球气温。我国也积极响应世界潮流，将节约资源和保护环境奉为国策，将可持续发展作为核心理念，走可持续发展道

路。黑龙江省政府也在积极转变职能。统筹规划生态环境保护与城乡各类污染物排放的行政监管与行政执法职责，全面落实监管执法工作，着力推进土壤环境、水环境、大气环境等综合环境污染防治行动计划的进一步深入实施，从种类和数量两个方面严格限制固体废弃物进口最终实现全面禁止洋垃圾入境的目标。构建政府有效主导、企业充分参与、社会组织与公民积极参与的综合型生态环境治理体系，切实遵守最严格的生态环境保护制度，严守生态环境保护红线，确保生态环境质量，取胜于污染防治保护环境攻坚战，保障国家生态安全，实现最基本的民生，“建设美丽龙江”。通过二氧化碳减排的商业模式也给生态效益提供了参考（潘忠、张立杰、王喜林、孙景波、潘紫辰、赵雨森、郭树平、于文喜，2007）[1]。林业碳汇项目是在清洁发展机制下的一个重要项目类型，通过合理的市场化经营手段促进现有森林资源保护，增加林木生长数量，为我国林业产业发展注入更多的新的生态和经济元素，各省份开展 CDM 林业碳汇项目，建立森林碳汇市场，对林业产业竞争力有效提升具有重要意义。

当前必要且紧要的林业产业发展任务是建立合理有效的激励机制，将林业产业从单一的开采转化为集开采、加工、旅游为一体的发展模式，提高产品附加值，促进周边产业发展，提高经济效益，实现生态环境保护与经济稳定增长的良性循环[2]。

---

[1] 潘忠，张立杰，王喜林，孙景波，潘紫辰，赵雨森，郭树平，于文喜．黑龙江省伊春林区科技与林业发展的调研报告［J］．东北林业大学学报，2007（12）：60－62.

[2] 黑龙江省人民政府关于加快大小兴安岭生态功能区建设的意见［EB/OL］．［2008－11－25］．http：//www. hlj. gov. cn/wjfg/system/2008/11/25/000102915. shtml.

在森林生态效益补偿办法中要明确森林生态效益补偿机制是调整生态建设和环境保护相关各方之间利益关系的重要的环境经济政策[1]，要制定一系列配套的森林生态效益补偿政策与法规，构建森林生态效益补偿的长效机制。

五、完善林业产业健康发展支撑综合体系

林业产业高质量发展目标的实现，必须要有资源、制度、政策等相关要素作为产业支撑，根据上述对林业产业影响要素的分析，结合林业产业发展的宏观目标可以得出，进一步促进林业产业体系的发展需要从资源、市场、制度及政府等方面着手改进。

从森林资源角度来看，森林资源为林业产业奠定基础，也是各项林业子产业的重要支撑。要合理配置森林资源，以材林基地为中心，发展集约化程度高的产业中心，提高森林资源利用效率，促进林业产业高效发展。与此同时，发展各类林业周边产业，例如生态旅游、森林景观等，延长产业链，增加经济效益。

从人力资源角度来看，首先，建立林业职工完善的培训机制，及时更新林业从业人员的知识体系和对前沿政策的学习；其次，完善林业基础研究，形成独具特色适合本省的林业理论；再次，加强林业技术教育，为林业产业一线输送合格人才；最后，利用黑龙江省人才引进计划，引进优秀人才不断积累林业人力资本。

从市场角度来看，一方面，消费对生产具有反作用力，消

---

❶ 国家环保总局. 国家环保总局将在四领域开展生态补偿试点 [J]. 环境保护，2007 (9B)：68.

费是林业产业发展的驱动力，有序理性的林业产业消费市场对黑龙江省林业产业的发展起到积极的正向促进作用，主要措施有：增加居民收入，使收入分配格局合理化，在满足消费者对林产品的个性化需求的同时，实现我国林产品走出去，开拓海外市场。另一方面，林产品及生产要素交易必须遵从市场经济的发展规律，因此要不断完善黑龙江省林业产业市场机制，促进林业产业市场主体全面发展，林产品市场信息充分流动，优化林业产业市场竞争策略。

从政策制度角度来看，首先，税收优惠政策的制定十分重要，国家应该增加财税方面的扶持力度，丰富扶持手段，降低税率，改善税制，并形成一个全方位的贷款政策体系，保证林业各项银行专项优惠贷款之间的相互补充、相互促进，进而实现林业产业的高收益，并且政府应该加强监督监管力度，实现产业规范化管理，促进市场的良性发展，杜绝违法行为的发生。其次，对外贸易政策的完善也是林业产业发展的重要一环，有关部门应该出台林业产业对外贸易相关的政策及法律法规，确定产品生产技术规范，加快林业产业的国际化发展，增强国际竞争力，同时在对外贸易中应减少冲突、遵守规则，增强环境保护的意识，努力跨越环境壁垒，促进对外贸易的双赢局面。最后，其他优惠政策的实施也有助于招商引资，通过建立各种优惠扶持政策，优化投资环境，实现林业产业经济总量的持续增长。

第三节　微观层面的黑龙江省林业产业竞争力提升对策

从第五章的黑龙江省林业产业竞争力测试结果中可以看出，

黑龙江省林业产业区域特色十分显著，本书对具有不同林业产业竞争力强度的地区提出具有针对性的具体建议和措施。

一、最强竞争力梯队视角提升林业产业外显竞争力

中国林业产业最发达的地区属于最强竞争力层级，这些地区的产业规模、技术能力、产业结构和市场占有率等方面都优于其他竞争力层级，但该层级的科技竞争力和资源竞争力还有待于进一步的提高。依据本书的实证分析结果，以下提出对最强竞争力层级的相关对策。

（一）促进资源可持续发展，提升利用率

木材资源的缺乏是目前阻碍林业产业稳健发展的一个关键问题，并且随着国家林业相关政策的缩减，资源需求压力也随之越来越大。实现林业资源最优化的利用，加速建设资源的有效整合，不仅是对绿色环保方针的积极践行，也是减少木材资源压力的重要行动。所以，企业及相关行业力量应该加强技术创新，缓解资源压力，建设和培育原材料基地和森林资源基地，国家政策应该从资源整合的角度出发，加强可持续发展和绿色环保生态建设。

（二）打造林业独立品牌，提高文化建设竞争力

除了技术水平等硬实力之外，文化建设软实力也是企业获得长久发展的关键点，品牌文化建设是提高企业软实力的有力举措，可以促进企业文化输出，独立品牌的打造将有利于木材加工等众多林业企业更好地盈利。处于最强竞争力层级地区的林业企业硬实力相对较强，管理能力和技术创新能力较强，但

软实力还有待提升，品牌建设意识淡薄。很多企业只注重产品生产和技术水平，而忽视品牌文化建设和维护，所以，具有最强产业竞争力的林业企业应该把打造独立品牌放在重点战略目标上。以下从政府和企业两方面提出建议。

（1）政府应该做促进品牌建设的推动者

政府可以创造透明公正的市场环境，为产品品牌建设提供良好的基础条件，起到推动发展的作用，对于未形成品牌的产品，应该积极鼓励支持，对于已有品牌的产品，政府应该给予一定的扶持，比如税收减免优惠政策以及其他资金投入支持等，有效规避行业风险，营造一个政府推动、市场引领、企业实践的全方位产业体系。

（2）企业应该做品牌建设的践行者

林业企业打造品牌文化建设的先决条件是产品质量的保证，没有任何一家产品质量不过关、虚假经营的企业可以长久发展。企业在品牌建设实践中，应该落实全面质量管理（TQM）战略，保证组织全员共同参与，实现产品从研发生产到最终销售的全生命周期的各个环节的质量控制，践行企业诚信道德规范，打造质量好、知名度高、品牌效应好的产品。

（三）进一步加强技术能力创新，建设林业领军企业

技术能力创新包含技术的研发、使用、扩大和维护等方面，开展技术创新是产品在市场中脱颖而出的重要措施。要想实现技术创新，首先需要观念的创新，应该打破传统的循规蹈矩的思想观念，重视创新对打造竞争力的重要性，提升林产品创新力需从科技研发入手，以最低的成本实现产品的高质量与高层次，从而从根本上提升产品的科技竞争力。此外，强竞争力层级的企业可以通过成为行业标杆来带动和影响更多的林业企业，

能够有效促进整个林业产业的创新水平，优化产业结构，形成良性循环，促使越来越多的企业参与技术创新，降低生产成本，扩大行业利润空间。

二、强竞争力梯队视角提升林业产业核心竞争力

强竞争力层级的地区主要有江苏、浙江、山东、江西、广东、吉林、黑龙江、云南、新疆等九个省份，这些地区在核心竞争力、基础竞争力和产业环境竞争力等方面有待于进一步的提升，但总体来看，依然具有比较强的竞争力。依据本书的实证分析，对该层级的地区企业提出以下两点建议。

（一）促进区域创新，提高产业竞争力

无论是最强竞争力层级还是较强竞争力层级，技术创新都是实现企业蓬勃发展的原动力，林业产业的兴旺离不开科技的创新。强竞争力层级的地区需要因地制宜，提升区域创新力。例如，黑龙江省的林业产业发达地区，应该加强自主创新能力，推进供给侧结构性改革，从需求端入手，满足个性化需求，并秉承绿色发展理念，关注林业产业前沿动态，提高黑龙江省林业产业竞争力。

（二）加大资金投入，拓宽融资渠道

林业产业有较大的资金投入需求，资金的支持是产业有序发展的前提条件，只有足够的资金支持才能使行业快速发展。在加大资金投入的同时，拓宽融资类型，优化各类产业融资平台，增强林业产业市场动力，刺激各类利于产业发展的要素竞相迸发。目前已有的融资渠道主要集中在民间资本集中与资本

流转上，尤其是较为偏远的地区，民间资本能够提供有力的支持，而浙江和广东等沿海地区则富有吸引外资力量的“磁场”，再加之相关政策对国外资金进入中国市场的支持，融资渠道的不断丰富将会促进林业产业更快更好发展。此外，民间资本对林业产业发展也具有重要的作用，在一些具有良好林业产业发展自然基础的偏远地区存在很多潜在的发展机会，民间资本具有很强的市场流动性，其充分涌入这些偏远地区可以为其林业产业甚至是经济水平提高提供强有力的支撑。

（三）黑龙江省是在全国排名前列的林业、农业大省，具有典型的代表特征，林业产业发展对于国民经济的全面发展具有重要影响

本书结合对黑龙江省发展实际情况的考虑，指出林业生态系统的建设和农业发展需要相辅相成，一体化联合发展，农业林业相互促进、省内省外相互联动，优化调整产业结构，以期推动传统农林大省发展的竞争力逐渐提升。

林业生态系统的优化有双重作用：首先，可以调节土壤水分含量，有效促进水土保持，以增加土壤肥力；其次，可以有效地防风固沙，减少空气悬浮颗粒物，改善生态环境，为农业产业稳定发展创造利好环境条件。相应地，林业生态系统的良性循环也需要农业的可持续性发展加以维持，以农业的合理发展推动林业生态系统不断地调整优化。由此可见，林业生态系统优化建设和农业发展二者相互影响，二者之间的耦合关系对二者之间的长期可持续发展具有直观的影响。

黑龙江省作为我国传统的林业、农业产业大省，不仅是我国大豆的重要生产基地，而且还是我国林业产业发展重要省份，此外，大豆产业发展的总体状况很大程度上反映黑龙江省农业

发展的总体状况。黑龙江省大豆产业发展和林业产业生态系统构建之间存在协同演进的关系，但由于各项农林产业指标不断浮动，不同年份大豆产业和林业产业的耦合协调状况存在一定的差异性。黑龙江省大豆产业发展水平和林业生态系统建设并不完全同步，主要表现为滞后性，进而影响二者协同发展的演进[1]。

所以，应加强以大豆产业为基础的农林产业基础，在提升大豆产业的基础上，实现各类农林产业协调发展，提高各项经济指标，与此同时进一步完善和加强林区生态系统建设，更好地利用生态系统建设对大豆等基础农业产业发展的推动作用，优化区域林业生态系统建设与大豆基础农业产业发展的耦合协同发展状态。另外，黑龙江省近年来林业生态系统建设和大豆产业发展程度存在偏差，在区域生态环境改善的同时，大豆基础农业产业等发展水平处于波动状态，发展并不稳定，存在于其中的不对称性制约二者的耦合协同演进。

相应负责部门应促进林业生态系统建设与大豆基础产业实现耦合关系，提高耦合协调程度，完善黑龙江省林业生态系统建设，促进农林联动，使林业产业对大豆基础产业的发展起正向促进作用，提高大豆基础农业产业水平，林业和农业全面协同发展，优化升级林业产业发展的产业结构，构建林业产业发展的良好产业生态，实现可持续性、协同性发展的目标。

三、弱竞争力梯队视角提升林业产业基础竞争力

处于该梯队范围的南部区域林业资源丰富，木材生长速度

---

[1] 王刚，万志芳，曹秋红．黑龙江林业生态系统建设与大豆产业发展耦合度测度［J］．大豆科学，2015（1）：144－147.

较快，生成周期较短，为林业产业发展奠定了充足的资源基础。所以需要加大林业产业投入，将资源基础优势转化为经济发展动力，既要进一步加大对特色林木资源产业发展的资金投入，拓宽收益渠道，又要采取措施促进林业种植和养殖副业发展，引导林业产业发展的多元化方向。

处于该梯队的华北地区在林业产业发展方面存在一定的差异，需要考虑二者作为粮食主要产区的影响，结合发展的实际情况采取相应的措施。林业产业的发展不能限制粮食产业发展，二者需要协同发展。林业在农业产业发展过程中最直接的作用就是防护林作用，为农业发展提供相对稳定的自然环境，起到了基础性服务功能。因此在农田保护措施实施中如何有效增加防护林数量实现协同发展是重中之重。

处于该梯队的西北地区（以及再下个梯队区域的山西、陕西）总体降雨量不充足，对林业产业发展具有一定程度的限制性。对此，该区域林业产业发展的核心目标应该是改善生态环境，以生态建设为主导方向，实施大量造林措施增加林区覆盖面积。生态环境有待改善的地区发展林业经济很容易招致生态破坏，得不偿失。考虑到这些发展限制因素，主要发展思路是改善林种增强其环境适应性，逐渐增加林区面积，使其发挥生态作用，实现发展的可持续性。结合当地林业资源特征以及自然生态环境，可以在实现环境效益、经济效益双收的基础上有序地发展特色经济林、防风固沙产业项目，政府应采取相应鼓励措施，改善营商环境，增强该地区资金引入的能力，发展区域特色产业。针对西北地区总体经济发展水平、人才队伍建设、技术服务基础、创新发展理念等较弱的现象，国家及地方政府应制定相应的产业政策，合理布局资源，在技术、科研、资金等方面加以调控，促进资源转型产业效率的提高。

除此之外，诸如上海、北京这样的林业产业发展具有相似特点的直辖市而言，其资金获取能力、基础设施完善程度、区域经济吸引力等方面具有明显优势。上海、北京林业产业发展应结合IT技术、生物医药研发、精密仪器制造等高技术产业，形成生态型林业产业发展链。单一地进行木制产品加工在整个产业占比较小，在利润获取方面并不具备优势，上海、北京发展林业产业可以充分利用自身的技术条件、资金存量，深度加工林产品，提升林产品的附加价值，提升产出额度。

四、最弱竞争力梯队视角提升林业产业产业环境竞争力

处于最弱势竞争梯队区域的主要是中南、西南林业产区密集的地区，这些区域具有植被覆盖率高、植被品类丰富等特点，具有涵盖林业产业发展体系各方面的资源基础，林业产业制品具有很大的市场潜力，很适合发展规模集约型产业。该区域林业产业发展的难点在于，首先丰富的林业产业资源和市场需求之间没有很好的匹配、该地区地理结构主要是山川和河湖，如何实现林业产业资源的充分利用存在一定程度的难度，进而限制其林业产业发展基础性、显性竞争力的进一步提升；其次，中南、西南区域经济水平与东南沿海相比一般较差，很难为林业产业发展准备完善的基础设施；最后产业发展缺乏前瞻性，具有同质化、规模小的问题，在市场营销、技术获取方面更是存在难点。针对上述现存的发展难题，这些区域要完善基础设施，打造便利的区位交通，了解市场需求，调整产业结构，密切与高校以及科研院所的合作，实现资源与技术的深度融合，提升产品价值，增强自己的区位竞争力，进而提升产品市场的份额。

海南省作为该梯队区域的旅游资源产业发展较成熟的省份，可以将林业产业发展与其生态旅游融合发展，当下森林旅游在海南省发展具有一定市场空间，但是并没有形成产业规模。除此之外，该区域在交通建设方面仍然不能与经济发展同步，导致其区域影响力受到限制。海南省各级政府应大力支持发展林业第三产业，提高第三产业发展质量，形成规模集约效益稳定增长的态势；加大基础设施建设投入，完善其物流互联网络；建立健全公共服务体系，保障人民的良好生存状态、完善生活环境和提高生活质量❶；利用其地理位置优势，吸引发达省份甚至其他国家或地区的资金涌入产业发展市场，加大资金投入量，为林业产业发展奠定基础。

第四节　本章小结

本章从宏观层面给出我国区域林业产业竞争力有效提升的一般性总体思路。从中观层面提出我国区域林业产业竞争力协调发展的对策，从微观层面针对最强竞争力梯队、强竞争力梯队、弱竞争力梯队和最弱竞争力梯队的发展基础性条件提出不同区域相应的发展对策。

---

❶ 林红. 重点国有林区民生林业发展机制研究［M］. 北京：中国社会出版社，2019.

结 论

当前，在我国政治、经济、文化、社会、生态五位一体发展格局下，生态环境问题日益成为新时期国家全面协调发展的关注焦点，社会大众对生态环境保护的意识也日益提升，林业产业作为与生态环境紧密的行业，其生态功能与经济功能的协调发展也备受关注。国家对林业产业发展的关注点也发生了微妙的转移，以往以木材生产为核心的传统发展思路逐渐被新发展理念替代，最大限度地实现林业产业的生态功能、经济功能以及社会功能的协调发展是林业产业发展的全新也将是长期的发展思路。合理完善且具有可持续性竞争力的林业产业发展体系，才能更好地实现林业产业的经济功能，为生态环境的建设提供基础动力，这一发展定位充分体现林业在国民经济中的特殊地位。

本书运用文献阅读法、系统分析法、熵值法、改进加权TOPSIS综合评价法、线性加权函数法，对林业产业竞争力进行系统分析和深入研究，得出以下五个方面的结论。

第一，本书界定了林业产业竞争力的含义，并以此为基础对其特征进行研究，进而对我国林业产业中的第一、第二和第三产业的产出结构、涉林和非涉林产业产值、产业规模进行比较分析；根据我国不同区域的发展水平不同，分析林业产业的地区资源差异，并结合区域竞争力以及投资情况，对我国林业产业区域竞争力存在的问题进行总结，主要表现是产业结构不合理、科技水平不高、产品贸易环境复杂多变、区域资源及发展不均衡、缺乏长期稳定可靠的投资保障和投入渠道，通过发现问题进一步剖析其形成原因。

第二，林业产业产业环境竞争力、基础竞争力、核心竞争力、外显竞争力以及各要素相互推动作用，最终形成林业产业区域综合竞争力。通过分析林业产业竞争力发展现状和存在问题，借鉴现有研究成果将林业产业竞争力划分为外显竞争力和内在竞争力，其中内在竞争力包括林业产业核心竞争力、基础竞争力和产业环境竞争力，并对其进行深入分析。在此基础上结合林业产业实际特点，构建林业产业竞争力“四位一体”模型，即林业产业产业环境竞争力—基础竞争力—核心竞争力—外显竞争力及各要素推动作用关系，其中产业环境包括制度环境和金融环境；基础要素包括资源禀赋、基础设施建设和生态建设；核心要素包括科技创新、林业产业结构和林业企业要素；显性要素包括林业产业实力和林业产业盈利实力。在这些要素的推动下，形成林业产业软环境、长期持续发展和成长能力、创造增加值和市场占有率竞争力，进而形成林业产业综合竞争力。

第三，我国林业产业区域竞争力评价指标体系表现在外显竞争力、核心竞争力、基础竞争力和产业环境竞争力四个方面。根据林业产业竞争力评价指标体系构建原则，设计林业产业竞争力评价初选指标体系，运用群组决策特征根（GEM）方法对林业产业竞争力初选评价指标体系的关键指标进行识别，运用 Pearson 方法评价指标的相关性，构建由外显竞争力、核心竞争力、基础竞争力和产业环境竞争力 4 个二级指标，10 个三级指标和 21 个四级指标构成的我国林业产业区域竞争力评价指标体系。

第四，林业省际区域产业竞争力划分为最强竞争力、强竞争力、弱竞争力和最弱竞争力四个梯队，各个竞争力水平呈现明显的分化态势，区域差异性显著。构建基于熵权法、TOPSIS综合评价法、线性加权函数法的我国区域林业产业竞争力评价模型，通过查阅2013—2017年《中国林业统计年鉴》和2018年的《中国林业和草原统计年鉴》、2013—2017年《中国统计年鉴》以及国家统计局、国家知识产权局、国家科技部等门户网站获得统计数据，从静态对黑龙江省及我国29个省份林业产业竞争力进行评价；运用林业产业2013—2017年的统计数据，从动态对黑龙江省及我国29个省份林业产业外显竞争力、核心竞争力、基础竞争力和产业环境竞争力进行评价和分析。根据评价结果将林业区域产业竞争力划分为最强竞争力、强竞争力、弱竞争力和最弱竞争力四个梯队。运用综合评价模型对静态测评得到的四个梯队中具有代表性的福建、吉林、河南、陕西四个省份进行动态测评，动态测评的结果显示2013—2017年四个省份的外显竞争力、核心竞争力、基础竞争力、产业环境竞争力以及综合竞争力水平呈现明显的分化态势。

第五，根据静态测评和动态测评的结果，基于产业竞争力的外显竞争力、基础竞争力、核心竞争力和产业环境竞争力四个层面，分析了四个梯队中各省份林业产业竞争力的地区差异性及其成因。

综上所述，由于林业产业在国民经济发展中的特殊地位，影响林业产业区域竞争力的因素很多、很复杂，并且具有动态性，研究成果是对林业产业区域竞争力研究的一个尝试，关于对林业产业区域竞争力的评价由于受到数据资料获得的限制，评价指标中的某些指标选用替代数据处理；此外，关于评价对象的选择，基于数据可获得性和林业产业竞争力评价方法有限性，在动态评价过程中仅选择不同区域中的重点省份进行分析，在空间和时间维度上对评价结论产生一定的影响，在今后的研究中，随着数据统计水平的提高和可以采用的指标定量技术的改进，以前难以获取数据和难以计量的指标会逐步可以被采用，评价方法也会逐步趋向更加合理。

参考文献

[1] Donald G Mcfetridge. Competitiveness: Concepts and Measures, Department of Economics [D]. Ottawa: Carleton University, 1995.

[2] Walsh Vivien. Technology and the Economy: the Key Relationship [J]. R & D Management, 1994 (24): 104 – 107.

[3] Oiman Segura – Bonilla. Sustainable Systems of Innovation: The Forest Sector in Central America [D]. Aalborg: Aalborg University, 1999.

[4] 张金昌. 国际竞争力评价的理论和方法 [M]. 北京：经济科学出版社，2002.

[5] 挂云帆学习网. 竞争力的研究层次 [OL]. [2020 – 05 – 29]. www. guayunfan. com.

[6] 余惕君，王伟军. 国际竞争策略 [M]. 上海：上海远东出版社，1993.

[7] 王勤. 当代国际竞争力理论与评价体系综述 [J]. 国外社会科学，2006 (6): 32 – 38.

[8] 文东伟，冼国明，马静. FDI、产业结构变迁与中国的出口竞争力 [J]. 管理世界，2009 (4): 96 – 107.

[9] 陈晓红，万光羽，曹裕. 行业竞争、资本结构与产品市场竞争力 [J]. 科研管理，2010 (4): 188 – 196.

[10] 徐敏燕，左和平. 集聚效应下环境规制与产业竞争力关系研究——基于“波特假说”的再检验 [J]. 中国工业经济，2013 (3)：72-84.

[11] 许召元，胡翠. 成本上升的产业竞争力效应研究 [J]. 数量经济技术经济研究，2014，31 (8)：39-55.

[12] 邓立治，许彬，何维达. 中国产业竞争力评价研究现状及展望 [J]. 科技管理研究，2015，35 (12)：50-55.

[13] 李怡珂. 河南省产业结构优化升级和产业竞争力研究 [J]. 市场论坛，2016 (11)：28-31.

[14] 由雷. 中国产业科技竞争力评价指标与方法研究文献综述 [J]. 技术经济与管理研究，2017 (10)：111-114.

[15] 苏楠，陈志，朱焕焕. 中国特色创新视角下的产业竞争力转型与升级路径研究 [J]. 科技与经济，2018，31 (1)：11-15.

[16] 张炜熙，孙志刚，张兴国. 绿色产业竞争力评价研究综述 [J]. 经济研究导刊，2019 (1)：18-19.

[17] 张虎春. 城市产业竞争力研究 [D]. 南京：河海大学，2005.

[18] 赵彦云，余毅，马文涛. 中国文化产业竞争力评价和分析 [J]. 中国人民大学学报，2006 (4)：72-82.

[19] 刘贵文，邓飞，王曼. 中国建筑产业竞争力评价研究 [J]. 土木工程学报，2011 (7)：157-164.

[20] 吴韶宸. 江西医药产业竞争力研究 [D]. 南昌：江西财经大学，2012.

[21] 吴姗姗，张凤成，曹可. 基于集对分析和主成分分析的中国沿海省份海洋产业竞争力评价 [J]. 资源科学，2014，36 (11)：2386-2391.

[22] 刘炳胜，王然，陈晓红，等. 中国建筑产业竞争力形成机理动态演进规律空间差异化研究 [J]. 管理评论，2017，29（1）：93－104.

[23] 张金昌. 国际竞争力评价的理论和方法研究 [D]. 北京：中国社会科学院研究生院，2001.

[24] 张超. 提升产业竞争力的理论与对策探微 [J]. 宏观经济研究，2002（5）：51－54.

[25] 波特. 国家竞争优势 [M]. 李明轩，邱如美，译. 北京：华夏出版社，1990.

[26] 汪芳，夏湾. 技术创新提升高技术产业竞争力的路径——以湖北省为例 [J]. 科技管理研究，2019，39（3）：107－113.

[27] 胡宜挺，李万明. 企业核心竞争力构成要素及作用机理 [J]. 技术经济与管理研究，2005（2）：20－22.

[28] 芮明杰. 产业竞争力的"新钻石模型" [J]. 社会科学，2006（4）：68－73.

[29] 吴忠才. 基于要素构成的城市商圈及竞争力实证研究 [D]. 长沙：中南大学，2009.

[30] 白福臣，周景楠. 基于主成分和聚类分析的区域海洋产业竞争力评价 [J]. 科技管理研究，2016，36（3）：41－44，49.

[31] 何平，陈伟，李传云，等. 航空航天制造业竞争力构成要素及提升对策 [J]. 求索，2017（8）：103－108.

[32] 马书彦，邓成华. 企业竞争力的来源 [J]. 中国质量技术监督，2014（12）：74－77.

[33] 谢文浩，曾栋材. 基于新钻石模型的广东省新能源汽车产业竞争力评价实证研究 [J]. 科技管理研究，2019，39（9）：56－61.

[34] 黄志勇. 基于 R－SCP 分析的我国中药产业竞争力提升研究 [D]. 长沙：中南大学，2012.

[35] 赵冬梅，周荣征. 企业竞争力评价指标体系的设计方法研究 [J]. 工业技术经济，2007 (9)：88－89，108.

[36] 邹薇. 关于中国国际竞争力实证测度与理论研究 [J]. 经济评论，1999 (5)：27－32.

[37] 陈佳贵，张金昌. 实现利润优势——中美具有国际竞争力产业的比较 [J]. 国际贸易，2002 (5)：21－24.

[38] 卢艳秋，余戈，朱秀梅. 提高我国化工产业国际竞争力的对策 [J]. 国际贸易问题，2003 (4)：18－22.

[39] 赵文丁. 新型国际分工格局下中国制造业的比较优势 [J]. 中国工业经济，2003 (8)：32－37.

[40] 汪斌，邓艳梅. 中日贸易中工业制品比较优势及国际分工类型 [J]. 世界经济，2003(4)：21－25.

[41] 蓝庆新，王述英. 论中国产业国际竞争力的现状与提高对策 [J]. 经济评论，2003 (1)：111－115.

[42] 张其仔. 开放条件下我国制造业的国际竞争力 [J]. 管理世界，2003 (8)：74－80.

[43] 王连芬. 中国汽车产业竞争力研究 [D]. 长春：吉林大学，2005.

[44] 奉钦亮，张大红. 我国林业产业区域竞争力实证研究 [J]. 北京林业大学学报（社会科学版），2010 (1)：95－100.

[45] 陈虹，章国荣. 中国服务贸易国际竞争力实证 [J]，管理世界，2010 (10)：13－23.

[46] 汪易易. 基于灰色系统模型的山东省渔业产业竞争力研究 [D]. 青岛：中国海洋大学，2012.

[47] 邹静，邓晓军，黄强，等. 基于主成分分析的广西区域产业竞争力评价［J］. 区域金融研究，2014（12）：83－86.

[48] 张汝飞，赵彦云. 中国战略性新兴产业竞争力测度研究［J］. 现代管理科学，2014（12）：33－35.

[49] 胡俊超，王丹丹. 基于支持向量机的中国城市软件产业竞争力研究［J］. 现代管理科学，2016（5）：67－69.

[50] 严于龙. 我国地区经济竞争力比较研究［J］. 中国软科学，1998（4）：110－112，129.

[51] 迟国泰，郑杏果，杨中原. 基于主成分分析的国有商业银行竞争力评价研究［J］. 管理学报，2009（2）：228－233.

[52] 陈军华，陈光玖，陈利琼. 基于模糊评价法的石油企业人才竞争力评价［J］. 西南石油大学学报（社会科学版），2009（1）：11－14.

[53] 吕梁，高红，贾红雨，等. 基于因子分析和数据包络分析的港口竞争力评价［J］. 大连海事大学学报，2010（4）：43－47.

[54] 解佳龙，胡树华，蒋园园. 基于突变级数法的国家高新区竞争力空间分异研究［J］. 科学学与科学技术管理，2011（12）：101－108.

[55] 代碧波. 基于因子分析法的高新技术产业集群竞争力评价模型研究［J］. 哈尔滨商业大学学报（社会科学版），2013（3）：28－33.

[56] 刘希宋，李响. 我国高技术产业竞争力比较评价［J］. 技术经济与管理研究，2005（2）：15－17.

[57] 刘键，戴俭. 我国工业设计产业竞争力分析与发展对策研究［J］. 管理世界，2017（5）：182－183.

[58] 张辉. 产业集群竞争力的内在经济机理［J］. 中国软科

学，2003（1）：70－74.

［59］肖泽磊，项喜章，刘虹．高新技术产业创新群构成要素及优势分析——以“武汉·中国光谷”为例［J］．中国软科学，2010（7）：103－111.

［60］杨莉．航空客运企业核心竞争力形成机理与测评研究［D］．成都：西南交通大学，2010.

［61］刘炳胜，王雪青，曹琳剑．基于SEM与SD组合的中国建筑产业竞争力动态形成机理仿真［J］．系统工程理论与实践，2010（11）：2063－2070.

［62］陈连芳，严良．油气资源产业集群竞争力形成机理实证研究［J］．中国人口·资源与环境，2012（7）：92－100.

［63］杨柳．电影产业国际竞争力评价研究［D］．上海：上海交通大学，2013.

［64］钱新华．我国船舶产业竞争力形成机理研究［D］．镇江：江苏科技大学，2014.

［65］赵冉，张特特．浙江省海洋产业竞争力形成机理的动态仿真研究［J］．中国渔业经济，2014，32（6）：81－87.

［66］曾涛，王秉琦，占绍文．区域文化创意产业竞争力形成机理差异化研究［J］．统计与决策，2015（21）：96－100.

［67］曾涛，杨朔，占绍文．区域文化创意产业竞争力形成机理仿真研究［J］．统计与决策，2018，34（2）：64－68.

［68］Bin Mei. Event Analysis of the Impact of Mergers and Acquisitions on the Financial Performance of the U. S. Forest Products Industry［J］. Forest Policy and Economics，2010.

［69］Brooks D J. Demand for Wood and Forest Products：Macroeconomic and Management Issues［C］//Proceedings of the XI World Forestry Congress. 1997：13－22.

[70] FAO World Forestry Long – Term Forecast [2004—2005]. http://www.fao.org/forestry/en/. 2004.

[71] Peck T J. The Invitational Timber Trade [J]. Forest Produces Journal, 2002, 52 (9): 10 – 19.

[72] Barbier, Edward R. The Effects of the Uruguay Round Tariff Reduction on the Forest Product Trade: A Partial Equilibrium Analysis [J]. The World Economy, 2002 (1): 87 – 115.

[73] Gan Jiangbang. Risk and Damage of Southern Pine Beetle Outbreaks under Global Climate Change [J]. Forest Ecology and Management, 2003 (1): 9 – 11.

[74] Peck T J. Forestry Enterprises and Resources [J]. Forest Produces Journal, 2001, 49 (2): 25 – 33.

[75] Jean Mater. The Role of the Forest Industry in the Future of the World [J]. Forest Products Journal, 2005, 55 (9): 6 – 7.

[76] Ewald Rametseiner, Markku Simulation. Forest Certification: an Instrutment to Promote Sustainable Forest Management? [J]. Journal of Enviromental Management, 2003, 67: 87 – 90.

[77] Ewald Rametseiner, Gerhard Weiss. Innovation and Innovation Policy in Forestry: Linking Innovation Process with Systems Models [J]. Forest Policy and Economics, 2005: 87.

[78] Constance Van Horn, Jean – Marc Frayret, Diane Poulin. Creating Value with Innovation: Form Centre of Expertise to the Forest Products Industry [J]. Forest Policy and Economics, 2006, 8 (7): 751 – 762.

[79] Matthias Dieter, Hermann Englert. Competitiveness in the Global Forest Industry Sector: an Empirical Study with Special Emphasis on Germany [J]. European Journal of Forest Research,

2007 (12): 63 - 69.

[80] Jelaeie Denis, et al. Motivation Factors in Wood Processing and Furniture Title of Manufacturing Translation [J]. Drvna Industry, 2008 (7): 11 - 21.

[81] Nenad Savic', Makedonka Stojanovska, Vladimir Stojanovski. Analyses of the Competitiveness of Forest Industry in the Republic of Macedonia [J]. SEEFOR, 2011, 2 (1): 16 - 23.

[82] Ajani J. The Global Wood Market, Wood Resource Productivity and Price Trends: an Examination with Special Attention to China [J]. Environmental Conservation, 2011, 38 (1): 53 - 63.

[83] Klaus Seeland, Joël Godat, Ralf Hansmann. Regional Forest Organizations and Their Innovation Impact on Forestry and Regional Development in Central Switzerland [J]. Forest Policy and Economics, 2011, 13 (5): 66 - 79.

[84] James Peter Sutcliffe, Adrian Wood, Julia Meaton. Competitive Forests - making Forests Sustainable in South - west Ethiopia [J]. International Journal of Sustainable Development & World Ecology, 2012 (19): 6 - 16.

[85] Gan Jianbang. Economic and Environmental Competitiveness of US - Made Forest Products: Implications for Offshore Outsourcing [J]. Journal of Forestry, 2013 (11): 12 - 18.

[86] 孔繁斌. 基于 Porter 理论的中国林业产业国际竞争力评价 [J]. 林业科学, 2006 (9): 106 - 113.

[87] 毛力. 中国林产品国际贸易及其竞争力分析 [D]. 北京: 中国林业科学研究院, 2007.

[88] 龙叶. 利用外资对中国林业产业国际竞争力的影响研究 [D]. 北京: 北京林业大学, 2011.

[89] 王晓栋. 我国木材产业国际竞争力评价指标体系研究［D］. 北京：北京林业大学，2007.

[90] 徐军，王雁斌，程宝栋. 中国造纸产业国际竞争力分析［J］. 北京林业大学学报（社会科学版），2014（4）：73-77.

[91] 宋维明，印中华. 关于中国林业产业规模化发展的若干思考——基于规模经济贸易理论的研究［J］. 农业经济问题，2009（1）：70-76，112.

[92] 宋诚英. 提升江西林业产业竞争力的研究［J］. 江西林业科技，2007（1）：50-52.

[93] 李波，吴铁雄. 湖北省林业产业竞争力研究［J］. 中国民营科技与经济，2008（11）：65-66.

[94] 姜钰，姜崧. 基于循环经济的黑龙江省林业产业竞争力提升研究［J］. 农机化研究，2008（11）：44-46.

[95] 顾晓燕，聂影. 中国木质林产品国际竞争力的实证分析［J］. 林业经济问题，2009（4）：350-353，358.

[96] 英磊，徐敏迪. 基于主成分分析的全国各省市林业产业综合竞争力研究［J］. 商场现代化，2010（20）：105-107.

[97] 刘传奇. 福建省九地市林业竞争力比较研究［D］. 福州：福建农林大学，2010.

[98] 李明圆. 黑龙江省林业产业发展问题研究［D］. 哈尔滨：东北农业大学，2014.

[99] 凌棱，罗欢焕，周驰杰. 基于 Porter 理论的区域林业企业竞争力评价［J］. 中国林业经济，2012（4）：56-58.

[100] 曹颖，万志芳. 黑龙江省林业产业结构分析——基于偏离—份额分析法［J］. 林业经济，2012（11）：102-104，115.

[101] 田云，张俊飚，李波. 中国林业产业综合竞争力空间差异分析 [J]. 干旱区资源与环境，2012 (12)：8－13.

[102] 黄蓓，王瑜. 林业产业集群竞争力研究 [J]. 中国人口·资源与环境，2011 (S1)：554－557.

[103] 王颖曼，贾利. 黑龙江省林业产业集群发展策略研究 [J]. 中国农学通报，2014 (32)：60－65.

[104] 奉钦亮，覃凡丁. 基于主成分分析的广西林业产业竞争力计量分析 [J]. 广东农业科学，2012 (4)：163－167.

[105] 孙雪，许玉粉. 基于主成分分析法的吉林省林业产业竞争力分析 [J]. 安徽农业科学，2014 (12)：3591－3593.

[106] 魏远竹，郑传芳，张春霞. 中国省域林业竞争力指标体系构建及综合评价分析 [J]. 综合竞争力，2009 (1)：58－63.

[107] 王刚，曹秋红. 我国省区林业产业竞争力水平排序及聚类分析——基于 OWA 和 OWGA 组合测度模型 [J]. 林业经济，2015 (5)：58－62.

[108] 丁贺，张颖，聂华. 基于动态偏离—份额法的北京市林业产业结构和竞争力研究 [J]. 江苏农业科学，2014 (5)：412－415.

[109] 孟利清. 基于 Multi－Agent 的林产品供应链管理研究 [D]. 南京：南京林业大学，2009.

[110] 李春波. 基于低碳经济的林业产业竞争力研究 [J]. 中国林业经济，2012 (4)：10－12，18.

[111] 辛姝玉，张大红. 低碳经济背景下北京市林业产业结构及竞争力研究 [J]. 林业经济问题，2014 (4)：357－362.

[112] 李春波. 林业低碳竞争力指标体系的构建及实证评价——以西南地区 5 省市为例 [J]. 安徽农业科学，2012

(12)：7207－7208，7211.

［113］温健. 黑龙江省国有林区林业产业竞争力提升的探讨［J］. 中国林业经济，2014（3）：70－72.

［114］陶陈丽. 低碳经济下云南林业产业竞争力评价指标体系研究——基于 AHP 分析［J］. 当代经济，2017（21）：56－57.

［115］罗梦思. 湖南省林业产业竞争力研究［D］. 长沙：中南林业科技大学，2018.

［116］王刚，陈伟，曹秋红. 基于 Entropy－TOPSIS 的林业产业竞争力测度［J］. 统计与决策，2019（18）：55－58.

［117］张占贞. 东北国有林区林业产业集群生态系统演进与成长研究［D］. 哈尔滨：东北林业大学，2011.

［118］金碚. 产业国际竞争力研究［J］. 经济研究，1996（11）：39－44.

［119］金碚. 中国工业国际竞争力——理论、方法与实证研究［M］. 北京：经济管理出版社，1997.

［120］倪鹏飞. 中国城市竞争力的分析范式和概念框架［J］. 经济学动态，2001（6）：13－24.

［121］中国人民大学竞争力与评价研究中心研究组. 中国国际竞争力研究发展报告（1999）——科技竞争力主题研究［M］. 北京：中国人民大学出版社，1999.

［122］中国人民大学竞争力与评价研究中心研究组. 中国国际竞争力研究发展报告（2001）——21 世纪发展主题研究［M］. 北京：中国人民大学出版社，2001.

［123］耿献辉. 中国木材加工及家具制造业：结构与关联——基于投入产出表的实证分析［J］. 林业经济问题，2009（6）：519－523.

[124] 陈向华. 东北国有林区林业产业组织优化研究 [D]. 哈尔滨：东北林业大学，2011.

[125] 陈向华，耿玉德. 林业产业组织优化研究综述 [J]. 林业经济，2012 (7)：53 – 58.

[126] 杨畅. 资本市场与科技创新良性循环研究 [J]. 生产力研究，2008 (21)：48 – 50.

[127] 张泽一. 产业政策对产业竞争力效应的分析 [J]. 广西社会科学，2009 (5)：57 – 61.

[128] 陈颖. 产业竞争力影响因素与产业政策作用机制分析 [J]. 产业观察，2009 (10)：80 – 81.

[129] 裴长洪. 产业竞争力综述 [J]. 当代财经，2003 (11)：4 – 8.

[130] 范宪. 企业核心竞争力理论：球论模型的新诠释 [D]. 上海：复旦大学，2003.

[131] 余东华. 转型期中国产业组织结构优化研究 [D]. 济南：山东大学，2005.

[132] 郑镜明. 广东省林业生态建设现状及有关问题的探讨 [J]. 中南林业调查规划，2004，23 (2)：56 – 57.

[133] 王如松，林顺坤，欧阳志云. 海南省生态建设的理论与实践 [M]. 北京：化学工业出版社，2004.

[134] 宋燚，徐颂军. 广东林业生态建设可持续发展研究 [J]. 林业资源管理，2005 (5)：11 – 15.

[135] Andrewsk. The Concept of Corporate Strategy [J]. Homewood，IL：Irwin，1972：18 – 46.

[136] 王庭秦. 福建三明林业产业竞争力评价研究 [D]. 北京：北京林业大学，2013.

[137] 徐承红，武磊，冯尧. 资本结构、区域市场化程度与企业

产品市场竞争力 [J]，宏观经济研究，2011 (3)：68 - 71.

[138] 张开云，叶为真. 企业文化再认识——内涵、功能及与企业竞争力的关系 [J]. 技术经济与管理研究，2007 (2)：117 - 118.

[139] 刘莲玉，李雪梅. 产业结构优化与提升城市竞争力研究 [J]. 求索，2007 (10)：34 - 36.

[140] 陈玉娟. 知识溢出、科技创新与区域竞争力关系的统计研究 [D]. 杭州：浙江工商大学，2013.

[141] 金碚，李钢. 中国企业盈利能力与竞争力 [J]. 中国工业经济，2007 (11)：5 - 14.

[142] 许晶. 提升吉林省产业集群竞争力研究 [J]. 经济纵横，2013 (5)：77 - 80.

[143] 段世德，许建业，王靖. 科技创新与中国国际贸易竞争力互动研究 [J]. 科技进步与对策，2009 (13)：13 - 16.

[144] Baumol W J. Contestable Market：Uprising in the Theory of Industry Structure [J]. American Economic Review 1982：72.

[145] 周星，付英. 产业国际竞争力评价指标体系探究 [J]. 科研管理，2000 (3)：29 - 34，22.

[146] 谢章澍. 闽台高科技产业竞争力及其区域产业协同发展研究 [D]. 福州：福州大学，2002.

[147] 李拓晨. 我国高新技术产业竞争力主要指标评析 [J]. 中国科技财富，2010 (1)：28 - 33.

[148] 江泽慧. 现代林业与西部生态环境建设 [J]. 西安交通大学学报 (社会科学版)，2000 (4)：17 - 22.

[149] 胡申. 中国林业产业区域竞争力评价分析 [D]. 北京：北京林业大学，2012.

[150] 李冉. 中国林业产业体系评价与增长机制研究 [D]. 北

京：北京林业大学，2013.
[151] 赵庆超. 中国各省区木材加工及木竹藤棕草制品产业竞争力研究 [D]. 北京：中国林业科学研究院，2014.
[152] Olman Segura – Bonilla. Competitiveness, Systems of Innovation and the Learning Economy: the Forest Sector in Costa Rica [J]. Forest Policy and Economics, 2003, 54: 116 – 128.
[153] Georges Kunstler, Sébastien Lavergna, Benoît Courbaud, et al. Competitive Interactions between Forest Trees are Driven by Species' trait Hierarchy, not Phylogenetic or Functional Similarity: Implications for Forest Community Assembly [J]. Ecol Lett, 2012 (158).
[154] 邱菀华. 群组决策特征根法 [J]. 应用数学和力学，1997 (11)：1027 – 1031.
[155] 尹卫兵. 基于 RDAP 四阶段模型的新产品速度营销动态能力实证研究 [D]. 上海：同济大学，2009.
[156] 薛庞娟. 顾客保留策略与企业绩效的关系研究 [D]. 郑州：河南工业大学，2010.
[157] 魏云杰，张圣银. 基于群组决策特征根法的农业机械化发展水平评价 [J]. 内蒙古科技与经济，2008 (10)：13 – 14.
[158] 刘有军，周和平，晏克非. 基于熵权群组决策的停车设施规划方法 [J]. 系统工程，2007 (2)：49 – 53.
[159] 何国辉. 中国省级区域造纸产业竞争力研究 [D]. 福州：福建农林大学，2010.
[160] 潘忠，张立杰，王喜林，等. 黑龙江省伊春林区科技与林业发展的调研报告 [J]. 东北林业大学学报，2007 (12)：60 – 62.

［161］黑龙江省人民政府关于加快大小兴安岭生态功能区建设的意见［EB/OL］．（2008－11－25）［2020－03－28］．http：//www. hlj. gov. cn/wjfg/system/2008/11/25/000102915. shtml.

［162］国家环保总局．国家环保总局将在四领域开展生态补偿试点［J］．环境保护，2007（9B）：68.

［163］王刚，万志芳，曹秋红．黑龙江林业生态系统建设与大豆产业发展耦合度测度［J］．大豆科学，2015（1）：144－147.

［164］林红．重点国有林区民生林业发展机制研究［M］．北京：中国社会出版社，2019.

附　录

林业产业竞争力影响因素调查问卷（大样本）

尊敬的女士/先生：

您好！我们是林业经济管理专业方向的研究人员，现进行用于基础性研究“林业产业竞争力”研究的调查活动，以获得林业产业竞争力影响因素量化数据，需要占用您几分钟时间，非常感谢您百忙之中抽出时间参与调查，您的作答将直接影响研究成果的质量，对我来说非常重要，调查活动以调查问卷的形式为主，本问卷不署名、不涉及个人隐私，调查的结果仅用于基础性的研究，不会被用于任何商业用途，我将对您的相关信息及调查结果严格保密，只需要根据您的实际经历和想法尽可能客观填写即可，在此衷心感谢您的支持与合作！

Q1 您的基本信息（单选）

请您填写下面的 1－6 题目，在选择的选项后面画“√”，谢谢您的配合。

1. 您的性别：男［　］女［　］

2. 您的年龄：

35 周岁以下［　］　　35 周岁至 45 周岁［　］

45 周岁至 55 周岁［　］　　55 周岁以上［　］

3. 您所在的单位为：

林业产业相关企业 [ ]　　林业政府部门 [ ]

高校或者科研院所 [ ]　　其他 [ ]

4. 您从事林业产业相关工作、管理或者研究的时间为：

1 年及以下 [ ]　　1 年至 3 年 [ ]

3 年至 5 年 [ ]　　5 年以上 [ ]

5. 您的职称为：

讲师（助理研究员、基层管理者）[ ]

副教授（副研究员、中层管理者）[ ]

教授（研究员、高层管理者）[ ]

企业基层员工和其他 [ ]

6. 您的学历：

高中及以下 [ ]　　专科 [ ]

本科 [ ]　　硕士 [ ]

博士 [ ]

Q2 调查题项（单选）

下面题项及变量共分为政府支撑、产业组织结构、科技创新、资源条件、市场条件和竞争力水平六个方面，对应题号 V1 – V22 是测量指标，相关问题均以单项选择题的形式给出，基于 Likert 的七分量表值进行统计。请根据您对我国林业产业发展情况的了解在相应的选项下画√，十分感谢您的支持！

表 1　Likert 七分量表

1	2	3	4	5	6	7
完全不重要	不重要	比较不重要	一般	比较重要	重要	完全重要

表2　林业产业竞争力影响因素调查问卷

题号	题项及变量	完全不重要→完全重要						
	政府支撑	1	2	3	4	5	6	7
V1	政府制定的政策和行政规划对林业产业发展的影响							
V2	政府对林业产业发展所做的投资							
V3	政府对林业产业发展过程中的监督监测							
V4	政府在林业产业有序发展中的服务效率							
	产业组织结构							
V5	林业产业产值规模大小对林业产业竞争力的重要性							
V6	林业产业发展过程中企业空间聚集程度对产业竞争力的重要性							
V7	林业产业内部结构（林业三个子产业比重）对竞争力的重要性							
	科技创新							
V8	林业产业先进核心技术和创新成果的数量							
V9	林业产业自主知识产权及专利获得的重要性							
V10	林业产业高水平科研团队以及领军人才数量对产业竞争力的重要性							

续表

题号	题项及变量	完全不重要→完全重要						
	资源禀赋	1	2	3	4	5	6	7
V11	林业产业技术研发经费投入的重要性							
V12	林业产业土地、森林以及生态保护区等基础自然资源							
V13	林业产业的经济（资金、信贷）资源							
V14	林业产业发展需要所拥有的装备、器材							
V15	林业产业的交通、物流支撑条件							
	市场条件							
V16	林业产品消费需求在社会总需求中所占份额							
V17	林业企业生产要素的市场化程度以及林产品有效配置							
V18	林业产业国际市场的机会和潜力							
	竞争力水平							
V19	林业产业销售增长率							
V20	林业产业的市场占有率							
V21	林业产业生态环保的可持续发展水平							
V22	林业产业发展过程中能够产出的新技术（核心技术）、新产品							

再次衷心感谢您的合作与支持，祝您一切顺利！

后 记

在书稿出版之际，谨向江西理工大学商学院和哈尔滨工程大学经济管理学院陈伟教授致以深深的谢意。

还要感谢哈尔滨工程大学李柏洲教授、徐建中教授、范德成教授，感谢东北林业大学耿玉德教授、哈尔滨商业大学白世贞教授对于书稿的完善所提出的宝贵意见。

另外，感谢所有关心、帮助过我们的老师、领导、同事和同学，向对本书稿给予帮助的所有人致以最衷心的感谢！感谢江西理工大学商学院和南昌校区管委会的领导和同事，他们在工作上的分担和支持使得我们能专心完成书稿，同时感谢知识产权出版社的蔡虹主任、荆成恭编辑及其他为本书出版付出辛勤劳动的编校人员。

再次向所有帮助和关心我们的师友、家人和朋友们表示诚挚的谢意！

王刚

2020 年 12 月